Elisabeth Newzella

Mit Schleier und Palette

Porträt der Altäbtissin Basilia Gürth OSB

Weishaupt Verlag

Titelbild: Mutter Basilia bei der Arbeit in Anthering, 2003.

1. Auflage 2008
ISBN 978-3-7059-0271-8
Herausgeber: Verein der Freunde der Abtei St. Gabriel.
Hergestellt im Weishaupt Verlag, A-8342 Gnas.
Tel.: 03151-8487, Fax: 03151-84874
e-mail: verlag@weishaupt.at
e-bookshop: www.weishaupt.at
Sämtliche Rechte der Verbreitung – in jeglicher Form und Technik – sind vorbehalten.
Druck und Bindung: Druckerei Theiss GmbH, A-9431 St. Stefan.
Printed in Austria.

Inhalt

Grußwort von Diözesanbischof Dr. Egon Kapellari	5
Zum Geleit!	6
Dank	6
Einleitung	7
Familie und Kindheit	9
Jugendzeit und Neuland-Bewegung	13
Die Akademiezeit in Wien	18
Die stürmischen Jahre 1942–1945	21
Eintritt in das Kloster	25
Schloss Bertholdstein	27
Nach dem Krieg	30
Beuron und die Klosterkunst	33
Meisterklasse Professor Szyszkowitz	35
Glasfenster – eine neue Leidenschaft	38
Die Internationale Sommerakademie in Salzburg	41
Ordo est Amoris	43
Die Malerin heute	48
ANHANG	55
Geistliche Porträts	55
Weltliche Prominentenporträts	55
Große Fresko- und Tafelbild-Aufträge	55
Glasfenster	57
Ausstellungen	58
Auszeichnungen	58
Literatur	59
Bildteil	60

Grußwort

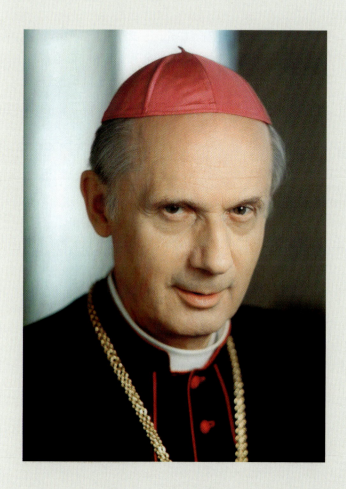

*D*er Heilige Vater, der am 8. September 2007 als Pilger nach Mariazell gekommen ist, hat sich in seiner Vesper-Predigt mit folgenden Worten an die Ordenschristen gewandt:

„Ihr gebt Zeugnis von einer Hoffnung, die wider alle stille und laute Verzweiflung hinweist auf die Treue und Zuwendung Gottes. Damit steht ihr auf der Seite aller, deren Rücken gekrümmt ist durch drückende Schicksale und die von ihren Lastkörben nicht mehr loskommen. Ihr gebt Zeugnis von der Liebe, die sich für die Menschen dahingab und so den Tod besiegt hat. Ihr steht auf der Seite jener, die nie Liebe erfahren haben, die an das Leben nicht mehr zu glauben vermögen. Ihr steht so gegen die vielfältigen Weisen von versteckter und offener Ungerechtigkeit wie gegen die sich ausbreitende Menschenverachtung. So soll eure ganze Existenz wie die Existenz Johannes' des Täufers ein großer, lebendiger Hinweis auf Jesus Christus sein, den Mensch gewordenen Sohn Gottes."

Altäbtissin M. Basilia Gürth OSB, die ich persönlich gut kenne und die in diesem Buch literarisch porträtiert wird, ist durch ihr Leben als Benediktinerin und ihr Werk als Künstlerin für viele Menschen ein Hinweis auf Christus geworden. Mögen auch die Leserinnen und Leser des vorliegenden Buches dieses Zeichen verstehen und den hier gezeigten Spuren zum Licht folgen können.

Dr. Egon Kapellari
Diözesanbischof
(im November 2007)

Zum Geleit!

*E*in buntes Glasfenster, lichtdurchflutet ... dieses Bild stieg vor meinem inneren Auge auf, als ich Deine Lebensgeschichte las, liebe Basi! Freundschaft ist mehr als ein Wort für mich seit Du meine mütterliche Freundin bist. Dein Lebens- und Glaubenszeugnis haben meine Familie und mich mitgeprägt.
Die Idee „Deines Lebensbuches" begleitet mich schon einige Zeit: Dich mit Frau Dr. Elisabeth Newzella aus diesem Grund bekannt zu machen war ein erster Schritt, die spontane Zustimmung von Herrn Weishaupt, auf meiner Suche nach einem Verleger, der zweite. Ich freue mich, dass eine „glückliche Fügung" alle lieben Menschen zusammengeführt hat, die an der Realisierung des Buches beteiligt sind.
Ich wünsche der Autorin viel Erfolg mit dem Buch!
Dir, Mutter Basilia, wünsche ich den Mut, die Kraft und Gelassenheit der späten Jahre zum neuerlichen „Sprung am Seil" (siehe „Der Seiltänzer" im Anhang) – gemeinsam mit Deinen Mitschwestern – in der Gewissheit, dass ER das Seil hält und seine Hände bergend unter Dir!

In Dankbarkeit

Ulli Seifert

Mag. Ulrike Seifert
Pädagog. Mitarbeiterin im Katholischen Bildungswerk der Diözese,
Vorstandsmitglied der „Freunde der Abtei St. Gabriel"

Dank

*A*n erster Stelle möchte ich mich bei S. Exzellenz Herrn Diözesanbischof Dr. Egon Kapellari für seine persönlichen Grußworte und die so großzügige Unterstützung des Buchprojektes bedanken.
Meine Dankesworte gelten auch der Hochwürdigen Frau Äbtissin Mutter Hildegard Altmann OSB für die Erlaubnis, im Kloster arbeiten zu dürfen, und ihre fachliche Beratung in Ordensbelangen;
ebenso Frau Dr. Erika Rüdegger, der Obfrau des „Vereins der Freunde der Abtei St. Gabriel" und ihrem Stellvertreter, Herrn Altbürgermeister Johann Zach, für ihr „placet" zur Herausgabe des Buches, und Schwester Maria Rosa für die immer fröhliche Gastfreundschaft in ihrem Reich.
Ganz speziell danke ich „Basilias treuem Kleeblatt": Frau Mag. Ulrike Seifert für die „Initialzündung" zu dieser Biografie, für organisatorische Hilfe und Lektorat, sowie Frau Josefine Glanz und Frau Dr. Brigitte Schuster-Böhm für ihre tatkräftige Mithilfe!
Herrn Herbert Weishaupt sage ich Dank für die verlegerische Mühe und Sorgfalt und viele unentgeltliche Arbeitsstunden.
Ein inniges Vergelts Gott an die Diözese Graz-Seckau und die Kulturabteilung des Landes Steiermark, die unser Projekt finanziell unterstützt haben!

Zu guter Letzt danke ich der Hauptperson, Mutter Basilia, für ihre geduldige Mitarbeit, für die Zurverfügungstellung von Fotos und Aufzeichnungen, für die vielen unvergesslichen Stunden, die sie mir geschenkt hat.

Dr. Elisabeth Newzella
Autorin

Einleitung

*E*s hat einen ganz besonderen Grund, dass ich Mutter Basilias Zeichnung „Wolf und Lamm, die sich die Hand reichen" an den Anfang meiner Schilderung einer wahrhaft ungewöhnlichen Frau setze. Als sie mir das Blatt zeigte, dachte ich zunächst, es sei einfach ein Symbol christlicher Liebe, ein Friedensbild sozusagen. Doch je länger ich das Bild betrachtete, mit seinen so gegensätzlichen Tieren und dem Hintergrund, der teils Kirchenfenster und Klostermauern, teils eine weltliche Stadtkulisse zeigte, desto mehr dachte ich: Das ist nicht nur eine allgemeine Darstellung der Versöhnung, sondern geradezu ein Symbolbild für die Persönlichkeit von Mutter Basilia selbst!

Sie ist Ordensfrau und Künstlerin zugleich und schafft es, die beiden Welten, die in ihr wohl auch manches Mal miteinander gekämpft haben, friedlich „unter einen Hut" zu bringen.

Als ich gebeten wurde, die Geschichte der Altäbtissin aufzuschreiben, sah ich es zunächst nur als ehrenvolle Aufgabe, so eine Art Katalogtext zu verfassen. Aber je öfter ich nach Pertlstein fuhr, um mir von Mutter Basilia erzählen zu lassen, desto mehr war ich in ihren Bann gezogen, und schließlich entwickelte sich das Ganze zu einer aufregenden gemeinsamen Reise in die Vergangenheit und das Innere einer unglaublich faszinierenden Persönlichkeit, die ich im Lauf der Zeit in vielerlei Facetten erlebte:

- als ernste Ordensfrau in der Kirche oder wenn sie von religiösen Dingen spricht,
- als hochwissenschaftliche Philosophin,
- als lustige Tierfreundin, die gerne Besucher mit der Frage überrascht, wieviele Krallen eine Katze hat,
- als weltgewandte geistreiche Gesellschafterin in mehreren Sprachen,
- als phantasievolle Unterhalterin von Kindern,
- manchmal als weltoffene Rebellin mit fortschrittlichen

„Pax!"

Im Atelier, 2007

Ideen, aber auch als erzkonservative Bewahrerin benediktinischer Klosterregeln und Lebensart,
- als Forschende und Suchende, wenn sie sich selber Grundbegriffe in Russisch oder Hebräisch beibringt, um Inschriften auf Ikonen verstehen zu können,
- als Handwerkerin, als Künstlerin, vor allem beim Befassen mit religiöser Kunst, der absolut perfekten Vereinigung ihrer beiden Welten.

Bei dieser Aufzählung bekommt man eine Ahnung von der inneren Vielschichtigkeit der temperamentvollen Benediktinerin; aber wie allen interessanten starken Persönlichkeiten muss man auch ihr einen gewissen Eigensinn oder künstlerischen Freiheitsdrang zugestehen, die den Umgang mit ihr für manche Menschen vielleicht nicht immer einfach machen. Man kann sich vorstellen, dass es nicht nur sehr spannend, sondern auch gleichzeitig verwirrend ist, sich in diesem Dschungel an Vielfalt zurechtzufinden. Ich habe versucht, die vielen Puzzleteilchen zu einem überschaubaren Gesamtbild zusammenzufügen und bin Mutter Basilia unendlich dankbar dafür, dass sie mich so liebevoll aufgenommen und mir ihr gütiges Herz so weit geöffnet hat. Die Begegnung mit ihr hat auch meine Seele sehr bereichert.

Kunstwerke bleiben über Jahrhunderte erhalten, aber der Zauber von Künstlerpersönlichkeiten dahinter ist im Laufe der Geschichte leider zu oft der Nachwelt unbekannt geblieben.
Wenn nun bald die Burg Bertholdstein verlassen wird, die über sechzig Jahre die Wirkungsstätte von Mutter Basilia war, davon neun Jahre als Äbtissin, dann ist das der rechte Zeitpunkt, noch an Ort und Stelle ein schriftliches Denkmal zu setzen, bevor die Erinnerungen zusammen mit den alten Mauern im Nebel der Vergangenheit verschwinden.

Familie und Kindheit

*M*utter Basilia wurde am 28. Juni 1923 in Wien geboren, mit dem Namen Utta Fides Irmelin Gürth. „Utta" wurde ihr Rufname.

Väterlicherseits entstammt sie einer alten Offiziersfamilie, unter ihren Vorfahren finden sich viele Generäle. Auch ihr Großvater war General, verheiratet mit einer Ungarin namens von Nagy. Ihr Vater war Oberst der k.u.k. Artillerie; nach 1918 wurde er im Verlagswesen tätig. Eine Zeit lang war er Direktor bei Hölder-Pichler-Tempsky in Wien, dann zog er für drei Jahre samt Familie nach Köthen in Anhalt und wurde dort Direktor der Köthenischen Zeitung.

Als Hitler 1933 an die Macht kam, ging der Vater zurück nach Österreich und blieb auch fortan dem Verlagswesen treu. Von 1940–1942 lebte die Familie in Chemnitz.

Uttas Mutter war eine geborene von Adamek aus Wien. Deren Vater war Richter, Senatspräsident und zudem Mitbegründer des Alpenvereins; deshalb gibt es auch eine Adamek-Hütte am Dachstein. Die Mutter war Lehrerin, führte im neunten Bezirk eine Privat-Volksschule und hatte strenge pädagogische Richtlinien. Wenn beispielsweise ein Kind ein anderes verpetzte, dann bekam das petzende Kind die Strafe.

In eigenen Aufzeichnungen hat die Benediktinerin das Ereignis ihrer Geburt folgendermaßen festgehalten:

„Als ich am 28. Juni 1923 das Licht der Welt in Wien IX. Bezirk, in der Klinik bei Professor Kaar, einem Freund meiner Eltern, erblickte, merkte ich nicht viel davon. Der Professor besah mich nur genauestens und beunruhigte dadurch meinen Vater, der frug: 'Ist irgendetwas nicht in Ordnung?' Er erhielt als Antwort: 'Pumperlgsund ist sie! Ich schau nur nach, ob sie nicht an der Nabelschnur ein Tabakpackerl hat für ihre Mutter!' Letztere war nämlich quietschvergnügt und behauptete, eine Entbindung sei keine Krankheit und da könne man ruhig rauchen, was sie auch tat. So blieb ich bei meiner rauchenden Frau

Urgroßvater (väterlicherseits) Anton Edler von Nagy

Großvater (väterlicherseits) k.u.k. Militärintendant Karl Gürth und Großmutter Marie, geb. Edle von Nagy

Uttas Mutter, Grete Gürth, geb. von Adamek

Uttas Vater, Oberst der k.u.k. Armee Oskar Gürth

Uttas Mutter zu Pferde beim Kaiser-Jubiläums-Huldigungsfestzug 1908

Utta als Baby

Utta und Maunz

Großmutter Therese von Adamek

Mama bis September als Heidenkind erhalten. Dann aber kam Monsignore Scheiner in die Türkenstraße Nummer zehn, um das Kind zu taufen – er war nämlich die Ursache der Verzögerung, da mein Vater ihn als seinen Religionslehrer unbedingt auch für meine Taufe wünschte. Meine antiklerikale Großmutter wurde Taufpatin."

Die kleine Utta verbrachte zunächst sechs Jahre in Wien, dann drei in Köthen, anschließend wieder sechs Jahre in Wien, und die sechste, siebente und achte Gymnasialklasse absolvierte sie schließlich in Chemnitz, wo sie 1942 maturierte.

Somit verbrachte sie den größten Teil ihrer Kinderzeit in Wien, in einer schönen großbürgerlichen Altbauwohnung in der Türkenstraße im neunten Bezirk, wohlerzogen und gut behütet, in einem geregelten Haushalt mit Personal. An nahen Verwandten gab es die Großmama mütterlicherseits, die im Schottenhof lebte, und einen Onkel in Brasilien.

Geistliche Vorfahren gab es keine, an künstlerischen aber den Urgroßvater der Mutter, der Porträtmaler war. Allerdings hat auch Uttas Vater recht gut gemalt. Beide Eltern haben sich jedenfalls für Kunst interessiert und mit ihrer Tochter auch Museen besucht.

Utta war ein Einzelkind, demzufolge viel allein, phantasievoll und in sich gekehrt. Sie wurde zu Hause eher wie eine kleine Erwachsene behandelt. Auf meine Frage, was sie gerne gespielt hat, lautet ihre Antwort: „Ich bin lieber in einer Ecke gesessen und habe philosophiert."

In Ermangelung von Geschwistern erfand sie Phantasiefiguren, zeichnete Köpfe und gab ihnen Namen, vor allem zwei Papierfreundinnen, die sie Olga und Lizzi nannte und mit denen sie zusammen Land eroberte.

Nach einem Kindergarten in der Liechtensteinstraße, der Utta nicht sonderlich beeindruckte, absolvierte sie das erste Volksschuljahr im Katholischen Schulverein, einer privaten Institution in der Habsburgergasse. Sie erinnert sich noch an ihre damalige Lehrerin, Fräulein von Henning.

„Meine vielgeplagte Lehrerin behauptete, ich sei – nun, es war ein Superlativ eines positiven Begriffes – aber ich würde trotzdem nie eine gute Schülerin werden, wobei sie recht behielt, eigentlich gar nicht zu meiner Freude. Aber es war nun mal vermasselt; ich begriff einfach die Funktion des Lernens nicht…"

Dann übersiedelte die Familie nach Köthen in Anhalt, wo Utta zunächst eine öffentliche Volksschule in unmittelbarer Nähe der elterlichen Wohnung besuchte. Allerdings war sie dort die einzige Katholikin zwischen lauter Protestanten und wurde in ihrer Klasse als „Katholikin aus Österreich!" beschimpft. Da fühlte sie zum ersten Mal den Drang, ihre Art von Christentum zu verteidigen, und so seltsam das für eine spätere Nonne klingen mag, tat sie es auf eine recht handfeste Weise: sie raufte derartig mit den Angreifern, dass sie nach einem bekannten Boxer den Beinamen „Max Schmeling" erhielt. Das führte schließlich dazu, dass die Eltern sie aus der Schule nahmen und am anderen Ende der Stadt in eine katholische Schule schickten. So verlängerte sich zwar der Schulweg um ein Vielfaches, aber dafür lernte sie dort im Religionsunterricht den Kaplan Bartl kennen, der von den Märtyrern erzählte. Das hat das Kind damals ungeheuer beeindruckt und vielleicht war es auch, noch unbewusst, das erste religiöse Schlüsselerlebnis.

Uttas Vater, ihre Mutter (Mitte), Tante Marianne (zweite Frau des Vaters)

„Zu dieser Zeit – ich war etwa acht Jahre alt – wurde mir zum ersten Mal, ich glaube es war in einem Osterhochamt, die Nichtigkeit dieser Welt zum Erlebnis, was wohl nie ganz in mir erlosch", schreibt Mutter Basilia Jahrzehnte später. *„In der Religionsstunde hörten wir von den Christenverfolgungen, auch das entflammte mich. Der geweihte Priester wurde mir ganz bedeutsam und blieb es, und ich geriet in höhere Gemütsverfassung, wenn mir ein solcher begegnete."*

In der neuen Schule gewann Utta eine sehr nette Freundin, Lotte, die Schwester des späteren bekannten Schauspielers Bernhard Wicki. Beide Geschwister wurden ihre Spielgefährten.

Großmutter (mütterlicherseits) Therese von Adamek

Am Ende der vierten Klasse machte Utta in dieser Schule die Aufnahmsprüfung für das Lyzeum, und als sie neun Jahre alt war, kehrten die Eltern mit ihr von Köthen wieder nach Wien zurück.

„Wir fuhren mit unserem braven Steyrer 12 nach Wien zurück: es war 1933, das Jahr der Machtergreifung Adolf Hitlers, und so dachte man in Österreich, ich sei aus rassischen Gründen geflohen, was natürlich nicht stimmte, vielmehr war die Familie meiner Mutter radikal antisemitisch eingestellt, mein Vater wurde nur als Österreicher nicht mehr gerne geduldet. Meinen Eltern ging es in dieser Zeit finanziell nicht gut, obwohl mein Vater schnell wieder Arbeit fand, ein halbes Wunder zu dieser Zeit der Arbeitslosigkeit."

Uttas Vater, davor Burgschauspielerin Helene Thimig

Uttas Verhältnis zu den Eltern war höflich und respektvoll, nicht locker freundschaftlich, aber das war damals so üblich. Mit ihrer Mutter kam sie nicht so gut auf gleich; diese war eine Dame mit vielen Interessen und entstammte einem eher antisemitischen Umfeld, in dem Juden und Freimaurer als Feindbild galten. Mit ihrem Vater verstand sie sich besser, er hatte seine Tochter sehr gerne, doch es gab einen gewissen Respektsabstand. Er hatte die Militärakademie besucht und besaß strenge Prinzipien.

Die Familie war natürlich religiös, aber nicht übertrieben, mehr aus Pflichtbewusstsein und Anstand. Selbstverständlich gehörte es sich, sonntags gemeinsam in die Zwölf-Uhr-Messe zu gehen. Der einzige Priester, der regelmäßig zu ihnen nach Hause kam, war Dompfarrer Dorr von Sankt Stephan, der das Wiener Oratorium gegründet hatte und mit Uttas Vater befreundet war. Er übte einen großen Einfluss auf ihn aus und bestärkte ihn in seinem Glauben, wenn er zweifelte.

Utta wuchs also in einem nicht gerade übereifrigen, aber normalen katholischen Umfeld auf, das vor allem vom Vater bestimmt wurde.

Die Mutter machte sich auf die Suche nach einer guten Schule für Utta, die jetzt bei ihrer Großmutter im Schottenhof wohnte, und bis sie etwas Geeignetes fand, wurde sie zur Überbrü-

Uttas Vater und Kardinal Innitzer

ckung in die Hauptschule in der Zedlitzgasse geschickt. Ihre Klassenlehrerin hieß Hildegard Rehden, und ist ihr vor allem deshalb in Erinnerung geblieben, weil sie später, eineinhalb Jahre nach ihr, ebenfalls in das Kloster St. Gabriel eintrat.
Uttas Mutter wollte keinesfalls eine zu fromme Schule für ihre Tochter – bloß kein Kloster! –, aber sie sollte doch gut und katholisch sein. So wählte sie die fortschrittlich geführte Neulandschule aus.
1934, als Dollfuß ermordet wurde, schickte sie die Elfjährige in das Internat dieser Mittelschule, mit Englisch ab der ersten und Latein ab der dritten Klasse.
Aber ausgerechnet mit dieser Schule legte sie den Grundstein für die innere Entwicklung ihrer Tochter, der ihr späteres Leben bestimmen sollte. Daran sieht man, dass der Ruf Gottes auch über seltsame Umwege immer sein Ziel erreicht.

Jugendzeit und Neuland-Bewegung

„Die Neulandschule, das war für mich wie ein Loch im Zaun!" Bei der Erwähnung des Wortes „Neuland" geht ein Leuchten durch Mutter Basilias Augen.
Für mich, Jahrgang 1951, war der Bund Neuland etwas, von dem ich noch nie gehört hatte. So musste ich, um dieses „Loch im Zaun" zu verstehen, einiges darüber in Erfahrung bringen und in die uns heute seltsam vorkommende Welt der deutschen Jugendbewegungen eintauchen, die mit dem „Wandervogel" 1895 ihren Anfang nahm. Das war eine Art romantische Protestwelle der Jugend gegen das technisierte entseelte Stadtleben. Man kehrte zurück zur Natur und zum eigenen Brauchtum, und das hieß: wandern, am offenen Feuer kochen, Volkslieder singen, Reigen tanzen, auf alten Schlössern mittelalterliche Mysterien und Schwänke spielen, auf Burgen tagen in dort gegründeten „Nestern" und „Horsten". Im Jahr 1916 zählte der „Wandervogel" bereits 40.000 Mitglieder. Mit dem Ersten Weltkrieg ging die erste Phase der deutschen Jugendbewegung zu Ende.
In den wirren Nachkriegsjahren wurde zum ersten Mal in der zersplitternden Bewegung die Frage nach Gott gestellt. Aber während ihre Mitglieder sich in Auseinandersetzungen verloren und verliefen, wurde nun die Idee einer freien Jugend mit eigener Verantwortlichkeit von den Jugendgruppen der konfessionellen und politischen Verbände aller Richtungen aufgenommen. Die Zeit der alten Jugendbewegung war vorbei. Es begann die zweite Phase: die „bündische" Jugend.
Es entwickelte sich eine Vielfalt von verschiedenartigen Bünden, die der Jugend nicht nur Gemeinschaftsdenken und Selbsterziehung vermittelten, sondern auch Kulturpflege, Wohlfahrtsarbeit, Bildungswerk und dergleichen betrieben. Jugendherbergen, Landschulwochen, Grenzlandarbeit, Arbeitslager und gemeinwirtschaftliche Unternehmungen entsprangen dieser Zeit. Manche Historiker sehen Grundlagen

zur späteren Hitlerjugend, aber es gab im Dritten Reich auch illegale jugendbewegte Gruppen, wie die „Jungenschaft", die im Untergrund eine geheime Widerstandsbewegung war.
Die Jugendbewegungen fanden mit der Herrschaft des Nationalsozialismus in Deutschland 1933, in Österreich 1938 ihr vorläufiges Ende. Die Bünde wurden aufgelöst und nur ganz wenige Gruppen gingen mit ihren Wimpeln und Fahnen zur Hitlerjugend über.
Die ersten Anstöße zu einer katholischen Studentenbewegung, aus der der Bund Neuland enstand, stammen aus dem „Christlich-Deutschen Studentenbund", der 1919 gegründet wurde, unmittelbar nach dem Zusammenbruch des Donaureiches. So bahnte sich in Österreich mitten im Chaos nach dem verlorenen Krieg eine Bewegung ihren eigenen Weg: Der „Bund Neuland" wurde 1921 unter der geistlichen Führung der Priester Michael Pfliegler und Karl Rudolf gegründet und unterschied sich in einem wesentlichen Punkt von den anderen deutschen Jugendbewegungen: Er stellte sich unter die Führung Gottes.
Die Jugend sollte zu sich selbst finden im Geiste einer Glaubenserneuerung, die „Städter mit ihrer Asphaltkultur" zurück zum wahren Glauben. Man wollte die Kluft zwischen „heilig und profan" überbrücken, erneuerte die Liturgie, suchte nach einer Einheit zwischen Kirche und Natur, orientierte sich zum Einfachen hin. Das äußerte sich nicht nur im Wandern, beim Übernachten in Scheunen, beim Vortragen von Gedichten und Stücken von Eichendorff, Stifter, Mell und auch selbstverfassten, oder beim Kochen am Lagerfeuer, ähnlich romantisch wie bei den „Wandervögeln", sondern auch in der bewusst zur Schau getragenen unmodischen Kleidung: Die „Bündischen", wie sie sich nannten, waren an ihren schlichten Kitteln zu erkennen, trugen Bundschuhe, die Mädchen Dirndl, Zöpfe und Knotenfrisuren und die Buben manchmal lange Haare. Alkohol, Nikotin, Ungläubigkeit, Langeweile waren verpönt. Die christlichen Bestrebungen und Ideale des Bundes Neuland ließen sich natürlich nicht mit den Ideen des NS Regimes vereinbaren, und so ereilte den Bund 1938 ebenfalls das Schicksal der Auflösung.

Mutter Basilias „Loch im Zaun" ist wohl damit zu erklären, dass das bis dahin streng erzogene, wohlbehütete, intelligente Mädchen zum ersten Mal in eine fröhliche Gemeinschaft mit christlich romantischer Begeisterung kam, in der man auch auf die Begabungen jedes einzelnen einging.
Die Neulandschule war ein moderner Neubau in Grinzing, 1931 vom bekannten Architekten Clemens Holzmeister fertig gestellt. Sie beherbergte Schüler aller Gesellschaftsklassen, breit gefächert, von einfach bis adelig; Vorreiterin für den Adel war Ida Coudenhove-Calergi.
Die Lehrer wurden geduzt, und es wurde nicht nur gelernt, sondern auch viel musiziert, gesungen und gezeichnet; manchmal aber ging es auch recht streng zu:

„Die damalige Erzieherin des Mädcheninternates war eine ziemlich rigorose Tirolerin, Grete Pomberger", erinnert sich die Klosterfrau. *„Ich verehrte sie, ohne viel Gegenliebe zu erhalten. Dadurch aber lernte ich viel, was mir später half. Sie wurde durch ihre gezielten Ohrfeigen berühmt, deren ich einmal sieben hintereinander bekam! Aber hinter diesem oft unbedachten Wesen – sie war ja auch noch sehr jung – stand ihre Begeisterung für das Werk und diese spürte man durch, und die war trotz aller Härte und Uneinsicht beeindruckend. Besondere Verehrung brachte ich Anna Ehm entgegen (der Direktorin), aber auch sie kam mir wenig entgegen. Sie liebte nur zwei Gruppen von Schülern: die aus sehr einfachen Kreisen kamen und die Adeligen, Reichen. Das war, christlich gesehen, ein Manko, das mich schmerzte, da ich es klar erkannte. Zudem brachte mich meine Neuland-Begeisterung in Gegenstellung zu meinen Eltern, daher war diese Zeit oft sehr schwer für mich. Ich begann viel zu sinnieren und zu dichten. Es war auch eine sehr bewegte Zeit. Tagungen und Gruppenerlebnisse, Schikurse und Wanderungen waren meine Hoch-Zeiten."*

Besonders erinnerungswürdig war der Tag, als zum ersten Mal Papierstapel zum gemeinsamen Malen unter den Kindern verteilt wurden. Nicht nur die künstlerische Tätigkeit machte einen Riesenspaß, sondern auch das Gemeinschaftliche der Kreativität.

Nach eigenen Angaben war Utta keine besonders gute, aber interessierte Schülerin. Heute tut es ihr Leid, dass es ihr oft an Fleiß und Aufmerksamkeit fehlte. Am liebsten hatte sie Singen und Deutsch, sie schrieb besonders gerne Aufsätze, und auch im Rechnen war sie nicht schlecht. Eine große Leseratte war sie nicht, das kam später während der Kunstakademie.

Der realistische Wunsch, Malen zum Beruf zu machen, äußerte sich erst zur Zeit der Matura. Dürer gehörte zu den Malern, die Utta bewunderte, und als Kind war sie einmal mit ihren Eltern bei der Ausstellung einer jungen Tiroler Malerin gewesen. Damals hatte sie sich gedacht: „Toll wäre das, so was zu können. Aber das schaff ich nie." In der Neulandschule stieg ihr diesbezügliches Selbstvertrauen; das Malen und Zeichnen machte ihr dort sehr viel Freude, weil die Lehrer ihr Mut dazu machten und sie Anerkennung für ihre Arbeiten bekam.

1937, mit vierzehn Jahren, fuhr sie zur letzten großen Tagung des Bundes Neuland nach Seckau; fünf Mönche waren dort Alt-Neuländer. Die Eindrücke, die sie von dort mitnahm, ließen sie zum ersten Mal daran denken, dass ein Ordensleben sie begeistern könnte.

In Seckau war eine große Gemeinschaft beisammen. Man schlief im Heustadl, die Tagesordnung bestand aus Messen, Konzerten, Vorträgen von Theologen, es wurden Volkslieder, Madrigale und alte Musik gesungen und gespielt.

Zutiefst hingerissen war Utta von den Mönchen und dem benediktinischen Leben, in das sie erstmals einen tieferen Einblick bekam. Ihre Begeisterung darüber muss auch den anderen aufgefallen sein, denn sie schreibt:

„Als wir in der Bahn zurückfuhren, sagte 'Autschi' Zinkl: 'Die Utta will ja jetzt alle in die Kukulle stecken!' Und das war gut beobachtet! Wir hatten ein wundervolles Schauspiel am Zellenplatz gesehen und der Dichter Herbert Hinterleithner hatte, mit langem blondem Haar, in einer Kukulle mitgespielt. Er war wirklich sehr schön, und ich empfand die Kukulle tatsächlich als das vollkommene Gewand. Aber nicht nur ihrer formalen Schönheit wegen! Ich war in Seckau einige Male noch sehr früh, etwa vier Uhr, aus dem Heu gekrochen und mit Elli Pesendor-

2.v.r.: Die Direktorin der Neulandschule Anna Ehm, 2.v.l. Josefa Grois

Uttas Neuland-Freundinnen (5. Kl.) Inge, Alice, Herta, Fini, ganz rechts Utta

fer in die Matutin der Mönche gegangen. 'Ach, wenn ich nur ein Mann wäre!' – damals vierzehnjährig – 'gäbe es nur diesen Beruf für mich!' Das war aber das einzige Mal, dass mir dieser Wunsch, Mann zu sein, kam!!! Ob es überhaupt Frauen gäbe, die dergleichen unternähmen? Dass 'Klosterfrauen' das Gegenstück zu 'Mönchen' bildeten, war für mich chinesisch. Nie hätte ich 'Schwester' werden wollen!"

Angetan vom Einblick in das Klosterdasein suchte sie in Wien im Schottenstift oft die Johanneskapelle auf. Der Kontakt zu den Schotten wurde von Neuland sehr gepflegt.
Sie stieß dort auf Frauen, die immer aus einem besonderen Buch beteten: dem „Tagzeitenbuch" von Richard Beron, einem Beuroner Pater, der sich damals im Stift aufhielt. Es beinhaltete die liturgischen benediktinischen Mönchszeiten und beeindruckte das junge Mädchen sehr.

„Nach Wien zurückgekehrt wuchs meine Sehnsucht und schließlich kam ich zu den Schotten. Meine Großmutter wohnte mit meiner Tante schon seit ewigen Zeiten im Schottenhof, darauf und auf ihre antiklerikale Haltung war sie sehr stolz! Bei den Schotten war gerade unter Prälat Hermann Peichel eine Reform im Gange und Pater Richard Beron aus Beuron leitete einen Choralkreis für Liebhaber, der durchaus auch geistige Strahlkraft besaß. Als mein Vater von meinen Ausflügen dorthin erfuhr (wir wohnten damals bei der Votivkirche), holte er mich einmal abends von dort ab, unglücklich darüber, dass ich in so einem 'Kreis alter Weiber' mittat. Es sollte noch ärger kommen! In der fünften Klasse bat ich meine Eltern, vom Internat der Neulandschule in deren Halbinternat wechseln zu dürfen. Ein wahrer Heißhunger nach geistig-geistlichem Wissen bemächtigte sich meiner. Jeden Abend war ich irgendwo, wo etwas 'los' war, unter anderem im Bibelkreis von Otto Mauer, im Thomaskreis von Pater Leopold Soukoup / Dogmatik Erwin Hesse, und so weiter."

Die Johanneskapelle im Schottenstift, Wien

Großmutter Therese von Adamek im Schottenhof

Utta war so begeistert vom „Tagzeitenbuch", dass sie es zum Abschied geschenkt bekam, als sie mit siebzehn nach Chemnitz zog. Als sie darin blätterte, lag ein Bild der Abtei St. Gab-

riel zwischen den Seiten, wie ein Fingerzeig Gottes. Und da dachte sie sofort: „Da muss ich hin!"
Doch zunächst ging es nach Chemnitz, wo sie die letzten drei Gymnasialklassen absolvierte.

„Im Sommer 1939 übersiedelten mein Vater, meine Mutter und ich und die Siamkatze 'Prinzessin Li' nach Chemnitz, weil mein Vater dort als reaktivierter Offizier stationiert wurde. Für unser damaliges Situationsverständnis waren die ideologisch bedingte Innenpolitik einerseits und das Heer als Verteidiger des Vaterlandes andererseits zwei getrennte Größen. Mehr noch: man ahnte, wohin die Aktivitäten Hitlers führen würden, war empört über den 'Anschluss' und seine Gewalttätigkeit und sah im Heer ein notwendiges Gegengewicht. Die 'Vermengungen' wurden einfach nicht erkannt – oder so gefürchtet, dass man sie nicht wahrhaben wollte. Man sah und merkte viel und konnte oft nicht durchschauen. Im Herbst 1939 brach dann der Krieg aus. Es war alles so furchtbar und man war so machtlos dagegen. Es gab einfach wenig Gelegenheit, sich ein echtes Bild der Lage zu machen, und die Propaganda wusste alles zu verschleiern. Nur langsam nach und nach tröpfelten Meldungen wahren Geschehens durch."

Die „Chemnitzer" Mädchen, in der Mitte vorne Ursel, eine der Konvertitinnen

Maria Schauerte, die Leiterin der katholischen Jugendgruppe in Chemnitz

Neben der Schule war Utta in einer sehr lebendigen katholischen Jugendgruppe tätig, mit einer von ihr sehr verehrten Leiterin, Maria Schauerte, einer Westfälin, die von der Missio Canonica in Freiburg im Breisgau kam. In dieser Gruppe engagierte sie sich für die Diaspora-Arbeit, und jeden Donnerstag Abend wurde Thomas von Aquin gelesen. Es gelang Utta damals sogar, drei evangelische Mädchen zum katholischen Glauben zu gewinnen.
Nach der Matura, 1942, wusste sie nicht sofort, was sie werden wollte. „Vielleicht werde ich Malerin und gehe halt auf die Kunstakademie", meinte sie schließlich, und die Eltern waren einverstanden.
Aber noch war es nicht soweit. Denn zuerst wurde Utta gleich nach dem Abitur zu Hitlers Arbeitsdienst ins Erzgebirge eingezogen. Bald merkte sie, dass das ihrem Wesen absolut nicht entsprach, und war eher verzweifelt.

„1942 stieg dann unser Abi. Danach sollte ich zum R.A.D.; ich kam nach Bienenmühle bei Freiberg im Erzgebirge: schöner gotischer Dom, eine durchaus hübsche Gegend, und, soweit ich die Lagerinsassen kennenlernte, waren es recht brave Leute. Nur: in mir war Revolution! Das Ganze kam mir plötzlich wie ein Teufelskloster vor, mit der 'Fahne' in der Frühe, Vereidigung und 'frommen' NS-Gebräuchen. Ich fiel in eine Depression und dachte nur: 'Weg! Weg von hier!' Dazu kam: ein Mädchen, das im Stockbett ober mir lag, wollte sich unbedingt das Leben nehmen. Es gelang mir durch verschiedene Umstände, sie noch lebend aus der Schlinge, in der sie schon frei hing, herauszuholen. Wahrscheinlich war dieser Umstand mitbestimmend, dass ich bei der ärztlichen Routineuntersuchung für 'untauglich R.A.D.' geschrieben wurde."

17

Die Akademiezeit in Wien

Utta zur Zeit ihrer Matura, 1942

Unglücklicherweise waren die Aufnahmsprüfungen für das kommende Semester schon vorbei.
Utta ging direkt zu Professor Sterrer, der bereits einige Neulandschüler unterrichtet hatte, übrigens recht Prominente: Rudolf Szyszkowitz, Albin Stranig, Werner Berg, Max Weiler, Karl Weiser.
Sie legte ihm eine Mappe mit eigenen Arbeiten zur Begutachtung vor, und mit einer Ausnahme schien er ganz zufrieden. Er akzeptierte die neue Schülerin auch ohne Aufnahmsprüfung. Die eine Arbeit, die dem strengen Professor überhaupt nicht gefiel, war ein „Tier-Himmel". Utta hatte einmal von ihren Eltern einen „Blumen-Himmel" von Ida Bohatta-Morpurgo bekommen, und da sie eine große Tierliebhaberin war, entwarf sie in dieser Art einen 'Tier-Himmel' mit Gedichten und Zeichnungen in einem Heft, etwa so:
„Kam ein Fisch auf Krücken an,
wollte Wasser haben;
ein Engel erfüllte ihm den Wunsch
und brachte ihm ein großes Glas Punsch."
oder:
Katze: „Miau! Miau! Meine Pfote, meine Pfote!"
Engel: „Sie, ich find Sie sehr laut für eine Tote!"

Sie hatte das Glück, an einen besonders netten und verständnisvollen Arzt zu geraten. Als sie sagte: „Ich kann den Arbeitsdienst nicht so machen, wie ich bin!", reagierte er eher ungewöhnlich und sagte: „Na gut, dann eben nicht!" Bei einem zeitlichen Untauglichkeitsschreiben hätte sie einen Ausgleichsdienst im Deutschen Reich machen müssen, und um das zu vermeiden, bescheinigte ihr der Arzt eine „komplette Untauglichkeit".
Somit war der Weg in eine andere Zukunft frei, und Utta fuhr nach Wien, um sich an der Akademie der Bildenden Künste zu bewerben.

„Mein Vater begleitete mich auf die Akademie", berichtet Mutter Basilia von ihrem Vorstellungsgespräch. *„Da das Semester bereits begonnen hatte, waren die Aufnahmsprüfungen schon vorbei und ich hatte nur eine armselige Mappe, die mein guter Meister Sterrer, zu dem mich der berühmte Otto Mauer sandte (weil bündisch), zweifelnd beäugte ... und ich glaube, er nahm eher meinen fast zwei Meter großen uniformierten Vater an als mich. Bei den ersten Sitzungen für Kopfzeichnen aber ließ er dann eine Ermutigung von sich: 'Sie sind ja viel begabter, als ich dachte!' Und somit war viel für mich geschehen – ich bekam Mut!"*

So war Utta ab 1942 Studentin an der renommierten Akademie. Meister Sterrer empfing seine Schüler mit dem Satz: "Wir reden hier nicht von Kunst, wir sind Maler!"
Von ihm spricht die Ordensfrau noch heute voll Hochachtung und Verehrung.
"Ein Grandseigneur, eine große in der Kunst manifestierte Persönlichkeit", beschreibt sie ihn. "Er hat das Wesen gesucht und versucht, die Seele im Bild festzuhalten. Das 'Innere Gesetz' war ihm wichtig. Er war ein handwerklicher Perfektionist, aber im Sinne des Geistes."
Karl Sterrer wurde als Sohn eines Bildhauers 1885 in Wien geboren, war selber Akademieschüler und unterrichtete dort seit 1921. Seine Jugendwerke waren vor allem Landschaften mit Figuren. Er erhielt den Rom- und den Reichel-Preis, und 1913 gab es eine große Kollektivausstellung im Münchner Glaspalast. In den Kriegsjahren entstanden zahlreiche Porträts, vor allem Bildnisse österreichischer Kampfflieger. 1922 und 1929 stellte er im Wiener Künstlerhaus aus und 1933 in der Sezession. Neben Plakaten, Marken und Druckgraphik schuf er das Christkönigsmosaik in der Gedächtniskirche in Wien, und im Schwurgerichtssaal des Wiener Landesgerichts hängt das große Ölbild "Die Gerechtigkeit". Seine Bilder befinden sich unter anderem in der Österreichischen Galerie und im Heeresgeschichtlichen Museum in Wien, in Dresden und in Pittsburgh, U.S.A., seine Zeichnungen in der Wiener Albertina.
Sterrer war stark beeindruckt vom Kriegsgeschehen, aber nicht von der Ideologie des Nationalsozialismus, sondern er verarbeitete ihn vom künstlerischen Gesichtspunkt aus. In dieser Zeit malte er sehr viele Soldaten. Zeitbedingt wurden ihm ausgewählte SS-Leute als Kopfmodelle in die Akademie geschickt, die in Uniform den Schülern Modell saßen. Utta malte damals einen solchen Kopf, der so ausdrucksstark gelang, dass Professor Sterrer ganz hingerissen war. Dieses Lob war eine Sternstunde in ihrem künstlerischen Anfangsdasein und erfüllte sie mit großem Stolz.
Die ersten zwei Semester wurde nur Kopf-Zeichnen geübt. Erst im zweiten Jahr durfte man Ölfarben verwenden. Kopiert

Uttas Studentenausweis

Uttas gelungenes Porträt eines SS-Soldaten, Sterrer-Zeit

wurde nie, das galt als verpönt. Der Unterricht fand meist im Atelier statt, da der Zugang zur Natur beschränkt war; er begann etwa um acht oder neun Uhr, bis Mittag arbeitete man an einem „lebenden Kopf".

Der Nachmittag war dann den theoretischen Fächern mit praktischen Übungen gewidmet, wie Anatomie, Perspektive, Farbenchemie oder Kunstgeschichte.

Manchmal malte Utta Tiere im Tiergarten Schönbrunn, dessen Direktor ein Freund ihres Vaters war.

Sterrer war ein Lehrmeister, der es verstand, seine Schüler zu begeistern.

„Eigentlich wollten wir alle nur malen, was der Sterrer gemeint hat", sagt Mutter Basilia. „Er war ein echtes Vorbild für uns. Und er sprach immer wieder vom 'Inneren Gesetz'."

Was verstand er darunter?

„Genau wusste zuerst niemand von uns, was damit gemeint war. Und dennoch habe ich im Laufe der Jahre etwas davon begriffen. Karl Sterrer war zutiefst ernst, er wollte es nicht leiden, dass man mit künstlerischen Ausdrucksmitteln leichtfertiges und eitles Geschwätz vorträgt. Jeder Strich sollte auf eine wesentliche Aussage zu prüfen sein. Er riet uns sogar an, den eigentlichen Strich durch mehrere Striche, aber eben nicht zuviele, zu suchen! Gearbeitet wurde zuerst einmal naturentsprechend, aber ohne Effekte wie Glanzlichter und Zugaben eitler Wirkungsart. Man musste genau hinschauen: täglich drei Stunden Porträt, wobei es – zuerst! – nicht um eine äußerliche Ähnlichkeit ging, sondern um den Bau des Schädels, der gewissermaßen die Formung des Menschen umreißt. Wer einmal so begann, zu arbeiten, war von der großen Konzeption gefangengenommen. Sterrer hatte mit seinem Inneren Gesetz auch letztlich den Willen Gottes angepeilt."

In Uttas Klasse, der sogenannten „Schule Sterrer", waren etwa zehn Schüler in einem Gemeinschaftsatelier. Nur für fertige Schüler der „Meisterklasse" gab es in der Akademie Einzelateliers und freie Themen.

Einer ihrer Klassenkameraden war Franz Kuno Steindl-Rast; sie kannte ihn von Neuland und hatte ihn zu Professor Sterrer

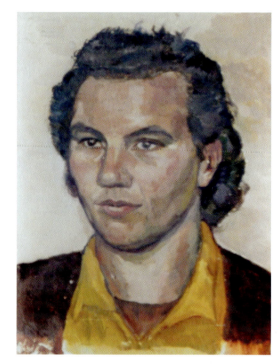

Damenporträt aus der Sterrer-Zeit

gebracht. Er wurde später Mönch, lebt als „Brother David" in den Vereinigten Staaten und korrespondiert noch heute mit ihr.

Die frühen prominenten Schüler von Sterrer, wie Berg, Weiler, Stranig, Weiser, hat Utta an der Akademie nicht mehr erlebt, da sie älter waren; nur Szyszkowitz hat sie persönlich kennengelernt und hat dann Jahre später an seiner Meisterklasse in Graz teilgenommen.

Das Fach „Akt" wurde nicht von Sterrer unterrichtet, sondern abends von einem anderen prominenten Künstler, nämlich Herbert Boeckl. Sterrer, der penible Perfektionist, liebte ihn nicht besonders, für ihn war der langhaarige Boeckl schlampig, auch in seiner Malweise, und zu revolutionär.

Ab und zu wurden Ausstellungen veranstaltet, in denen Werke der Akademiestudenten ausgestellt, aber nicht verkauft wurden. Eigene Bilder durfte man behalten, aber Uttas Werke aus dieser Zeit sind teilweise verloren gegangen, wurden geplündert oder von Bomben zerstört.

„Wir waren dann eines Tages, früher als notwendig, verlassen. Der Krieg war aus, und die Professoren, die Parteimitglieder waren, durften nicht mehr unterrichten. Über die Parteimitgliedschaft Sterrers wäre noch etwas zu sagen. Gewiss war, dass er die ganze Sicht der Situation nicht hatte, wie viele Menschen damals. Man mag es bezeichnen, wie man will: dumm, engstirnig, bis zur Verantwortungslosigkeit. Aber die Komponenten, die die Sicht des Einzelnen ausmachten, waren vielfältiger, und es ist kaum anzunehmen, dass jemand die Gesamtschau der Lage hatte. Nur die Bedeutsamkeiten für einen gewissen Sektor waren beurteilbar. Wer rein politisch dachte, musste den Wahnsinn der Machtgierigen verstehen, wer aus dem Inneren der Kirche dachte, musste das 'Unrecht des geltenden Rechts' erkennen. Wer aber zum Beispiel vital erspürte, dass die Lage der Erneuerung bedurfte, konnte geblendet werden von den Ansätzen zu neuer Erkenntnis. Ich bin immer noch überzeugt, dass die Urheber des Nationalsozialismus intuitive Erkenntnisse hatten, diese aber selber falsch interpretierten und erst recht falsch in die Tat umsetzten. Den zerstörenden Kräften der Nachkriegszeit nach 1918 wurde zerstörender Hass entgegengesetzt und die eigentliche Lebenswurzel der Liebe verbannt. So konnte nur Krieg und Maßlosigkeit geboren werden."

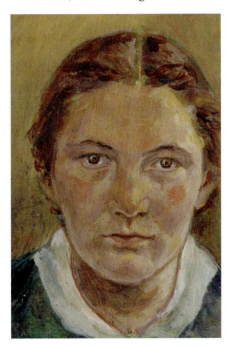
Selbstporträt aus jenen Jahren

Die stürmischen Jahre 1942–1945

Während der Akademiezeit wohnte Utta bei ihrer ehemaligen Schulerzieherin Josefa Grois in der Strassergasse. Die Villa gehörte einer Baronin Buschmann, die, weil die große Neulandschule konfisziert wurde, ihre Villa aus Barmherzigkeit Neuland als Teil-Dépendance zur Verfügung gestellt hatte. Als die Ersatzschule dann für Buben umfunktioniert wurde, zog Utta zur Burgschauspielerin Maria Mayen-Reimers in Grinzing, die die Mutter einer Schulfreundin war.

Parallel zu ihrer Kunstausbildung vergaß Utta nicht auf ihre religiösen Interessen. Sie schaffte es, neben dem Unterricht an der Akademie zwei Jahre lang allabendlich das „Theologische Laienjahr" zu absolvieren. Das war eine Art kleines Theologie-Studium im Seelsorgeinstitut am Stephansplatz Nummer drei, geleitet vom Domherrn Dr. Karl Rudolf.

In dieser Zeit hatte sie aber auch einen sehr intellektuellen, extravaganten Freundeskreis rund um Henning Bultmann, den Neffen des bekannten evangelischen Theologen Rudolf Bultmann. Henning, der in der Auslieferung des Schöningh Verlages arbeitete und später Mönch wurde, verkehrte viel in der russischen Kirche, sodass Utta zum ersten Mal auch einen Einblick in diese Welt bekam. Gleichzeitig entdeckte sie voller Begeisterung die Werke von Dostojewski und verschlang heimlich die „Brüder Karamasow".

Es dürften spannende schillernde Stunden gewesen sein, die sie in dieser Runde verbrachte, mit politischen, religiösen und literarischen Diskussionen in verrauchten abendlichen Kaffeehäusern. Oft waren sie alle bei Fritz Hansen-Loeve, einem im Buchwesen tätigen Dänen, der mit seiner Frau ein gastliches Haus in Klosterneuburg führte und seinen jungen Gästen viel Freude an geistiger Bildung vermittelte.

Außerdem war Utta noch Mitglied der Bachgemeinde, wo sie sang. Einmal führten sie sogar im Musikverein das „Weihnachtsoratorium" auf.

So spielten sich die Ausbildungsjahre in Wien gleichzeitig auf mehreren total verschiedenen Ebenen ab: einer künstlerischen in der Akademie, einer religiösen im Theologischen Laienjahr, einer etwas revolutionär-intellektuell angehauchten in der Bultmann-Clique und einer musikalischen in der Bachgemeinde.
In dieser stürmischen Zeit pflegte sie weiterhin einen innigen Kontakt zum Schottenstift.
Doch lassen wir Mutter Basilia selber aus dieser Zeit erzählen.

„Auch die Akademiezeit war aufregend, umwälzend, erlebnisreich. An den Abenden war ich meist im Theologischen Laienjahr oder bei sonstigen Vorträgen in der Stadt, und beim Akt-Studium. Die Vormittage verbrachte ich brav beim Kopf-Studium, am Nachmittag war Kunstgeschichte, Farbenchemie, Anatomie, Schrift. Immer 'untermalt' von einer Suche nach etwas, das 'Berufung' sein und lebenserfüllend werden soll! Die Malerei, damals in großen Spannungen – die 'Moderne' durfte nicht sein, galt als 'entartet', das 'Kommende' schlummerte noch – war kein Beruf für mich, auch wenn Meister Sterrer mir Begabung zusprach. Immer war ich auf der Suche nach der Liturgie.
So schrieb ich mich einstweilen in das zweijährige Theologische Laienjahr am Stephansplatz ein. Es waren wunderbare Lehrer dort tätig, Dr. Rudolf, Dr. Pfliegler, der spätere Kardinal König, lauter Spitzenleute, die irgendwo gerade nicht sein durften, wegen des Regimes. Dr. Rudolf forderte mich auf, auch die Prüfungen für die Missio Canonica zu machen, und ich war entschlossen, ihm zu folgen. Leider machte ich dann einen großen Fehler. Ida Trauttmansdorff, die mit uns in Grinzing wohnte und Chemie studierte, wollte mit mir diese Prüfungen machen und wir begannen zusammen zu lernen, mit der Philosophie beginnend. Sie stieg sehr bald aus… und nahm mir dadurch den Mut. Obwohl es für mein späteres Leben ohne Bedeutung blieb, ärgert es mich noch heute. Wiederum war es das Unvermögen, lernen zu können. So blieben die gewissenhaft besuchten Vorlesungen nur eine geistige Auseinandersetzung mit dem Lehrstoff. Heute denke ich auch darüber ein wenig anders: vielleicht gehörte es zu meiner persönlichen Führung, um nicht in Lernweisheit steckenzubleiben!"

In diese Zeit voll innerer und äußerer Unruhe, vor der Kulisse des Zweiten Weltkrieges, hin- und hergerissen zwischen der künstlerischen Ausbildung und der Sehnsucht nach einer göttlichen Berufung, gesellte sich nun ein weiterer Faktor hinzu, der das Leben noch schwieriger machte, als es war, nämlich die Liebe.

„Die Kriegsnot beschwerte das Herz und man war dankbar für 'Orte der Hoffnung'. So einer war die Russisch-Unierte Kirche in der Michaelerkirche unter Pater Pawel Gretschischkin. Dorthin pilgerte ich oft. Dort und in der Auslieferung des Verlages Schöningh bei der Oper traf ich dann auch einen jungen Mann, der mir viele Impulse gab: Henning Bultmann, den Neffen des großen evangelischen Theologen Rudolf Bultmann. Im Rückblick auf unsere gemeinsamen Unternehmungen kann ich für zwei Dinge dankbar sein. Zum ersten, dass mein Verhältnis zur orientalischen Kirche und zu ihrem Mönchtum Erweiterung erfuhr, sowohl in der Herzenserkenntnis als auch im sachlichen Wissen. Wir gründeten mit Freunden sogar einen 'Orden'; es waren Leute, die sich für die Ordensidee interessierten und darüber sprachen, dazulernten. Wir lasen Augustinus, wir gingen in alle erreichbaren Liturgien in Wien: ukrainisch-uniert, russisch, russisch-orthodox, griechisch-orthodox, serbisch, rumänisch. Wir bauten eine Ikonostase mit Ikonen eines Neuländers. Zum zweiten aber gilt meine Dankbarkeit Gott, dass er es so fügte, dass Henning und ich nicht zusammenblieben. Henning war ein sehr begabter Mensch, konnte gut griechisch und auch ganz passabel altslawisch und russisch, war ein ausgezeichneter Übersetzer der Ostliturgie. Dadurch eröffnete er mir einen neuen Geist-Raum. Andere, die uns zusammen sahen, meinten, dass er doch weit unreifer als ich sei, aber seine Überlegenheiten ließen mich seine Unterlegenheiten vergessen, ich liebte ihn einfach. Enervierend war aber sein Schwanken zwischen seiner mönchischen Berufung und der Frage nach einer Ehe. Aber ich dachte, man müsse eben alles wachsen lassen, womit ich eigentlich recht behielt. Als dann der Augenblick kam, dass wir in der 'Russenzeit' Wiens zu einer gemeinsamen Freundin zogen, die wirklich ein Prachtstück war, schön, gescheit und lieb, zog er sie mir vor. Das tat anfänglich wahnsinnig weh, war aber schlichtweg Gottes Fügung – Deo gratias! Auch das andere Mädchen hat er nicht geheiratet, und – Gott

sei Dank – überhaupt nicht. Sein Weg war kraus und traurig ... Jahre später, als ich ihn in Salzburg besuchte, meinte er zwar, wir hätten aufeinander 'um des Himmelreiches willen' verzichtet, was nur zum Teil stimmte, in der ganzen Ausrichtung unseres Lebens damals aber richtig war."

Henning war in der Tat eine sehr interessante Persönlichkeit. Seine Ahnen waren seit Luthers Zeiten in Oldenburg Pastoren und Theologen. 1926 wurde seine Kernfamilie katholisch und zog nach Dresden. Die Eltern und vier Kinder flüchteten 1935 vor Hitler nach Wien, wo sie im Palais Esterházy aufgenommen wurden und der Vater heimlich im Untergrund im Widerstand gegen Hitler arbeitete. Als der Vater 1942 in einem französischen Internierungslager ums Leben kam, musste der einundzwanzigjährige Henning für die Mutter und seine drei Geschwister sorgen. Er arbeitete im Buchhandel, pflegte daneben Kontakte zur russischen Orthodoxie und beschäftigte sich mit Philosophie, Theologie, ostkirchlichen Gesängen und der archaischen Schönheit byzantinischer Musik und Texte. In dieser Zeit lernte er auch die gleichaltrige Utta kennen. 1953 trat er zum russisch-orthodoxen Glauben über, studierte in Paris, und 1960 weihte ihn der Erzbischof zum Mönchspriester „Gabriel". Er übersetzte viele östliche liturgische Texte und gründete schließlich in einem verlassenen alten Haus in einem Pariser Vorort eine offene klösterliche Gemeinschaft mit außergewöhnlichen Menschen. Als diese sich auflöste, zog er nach Salzburg und lebte fortan als Einsiedler hungernd und frierend im Lungau in einem einsamen zerfallenen Bauernhof in 1360 m Seehöhe, den ihm eine Malerin zur Verfügung gestellt hatte.

Er hatte aber eine große Anziehungskraft auf andere Menschen, und so erhielt er immer mehr Besuche. In einem besseren Bergbauernhaus, dem „Feichtinger", gründete er sodann eine Mönchszelle, unterstützt vom Urenkel von Lord Quinzey. Novizen zogen ein, die ein archaisches orthodoxes Mönchsleben suchten. Viele Gäste kamen, um an den mystischen Liturgien im Gebirge teilzunehmen. Henning, der eine fas-

Henning Bultmann

zinierende Ausstrahlung hatte, war inzwischen zum Abt im Prälatenrang ernannt worden, er unterrichtete, pflegte das Singen der Tagzeiten und übersetzte Schriften. Leider verfiel er langsam dem Alkoholismus, seine Mönchszelle löste sich auf, und Henning starb schließlich, nach einer kurzen Zeit in London und Paris, 1989 als Seelsorger in Wien.

Mutter Basilia berichtet weiter:

„In diese Zeit fiel auch die Freundschaft mit Franz Kuno Steindl-Rast, dem späteren 'Brother David'. Er war etwas jünger als ich, und wir glaubten damals wohl an seine Ehrlichkeit und Ursprünglichkeit, kamen uns aber irgendwie 'überlegen' vor – dass er später viel größere Durchschlagskraft hatte als wir, ist ein Beweis seiner Qualität. Franz Kuno und seine Brüder lebten nach Kriegsende mit ihrer Mutter vis-à-vis von unserem Saarlandstraßenhaus in der verlassenen Villa des Bürgermeisters von Wien, in die nach Kriegsschluss die amerikanischen Offiziere einzogen. 'Tante Lisl' Steindl-Rast hatte als halbe Amerikanerin das Offizierskasino übernommen und im obersten Stock für uns alle eine Stätte nicht nur der Freundschaft, sondern auch der 'Fütterung' gemacht, denn es war in Österreich Hungersnot. Ich lebte damals wie nie vorher oder nachher von der Hand im Mund, hatte weder Geld noch Wohnort noch irgendwas, Chemnitz verbombt, mein Vater in Gefangenschaft, meine Mutter bei ihrer Mutter im Schottenhof. Was ich in Grinzing hatte, war – von Wienern – geplündert worden, was in Chemnitz war, verbrannt. Ich selber zog zu Maria Mayen, einer Burgschauspielerin in der Grinzingerstraße, deren Tochter zu unserem Kreis gehörte. Sie war wohl lieb zu mir, aber das Essen musste ich mir selber verschaffen. Wie ich diese letzten Wochen vor meinem Eintritt überstand, ist mir rückschauend ein Rätsel: Gott sorgte einfach für mich und ein wunderbares Nebenprodukt davon war, dass ich ganz schlank, und, wie man sagte, auch hübsch wurde, das genoß ich als Entgelt für alle sonstige fehlende Lebensqualität."

Brother David Steindl-Rast

Die Burgschauspielerin Maria Mayen

Eintritt in das Kloster

Äbtissin Maria Rosa Fritsch von Cronenwald

*D*ie Freundschaft mit Neuländern, der Kontakt zum Schottenstift, die Freude am Chorgebet der Mönche in der Johanneskapelle, das „Tagzeitenbuch" des Beuroner Paters Beron, der die Funktion hatte, die österreichische Benediktiner-Kongregation über den Gregorianischen Choral vom reformierten Mönchstum neu zu begeistern, all das waren Erlebnisse, die während der Akademiezeit immer wieder den Wunsch zu einem Eintritt ins Kloster weckten. Das gipfelte schließlich in einem Ereignis, das Utta so beeindruckte, dass es den endgültigen Ausschlag gab, sich den Benediktinerinnen anzuschließen.

Dieses Schlüsselerlebnis war 1943 die Äbtissinnenweihe von Maria Rosa Fritsch von Cronenwald. Die Weihe fand in der Johanneskapelle des Schottenstiftes statt, und aus allen Richtungen – mehr als zwanzig Stationen! – kamen die unter Hitler aus St. Gabriel in Bertholdstein vertriebenen Nonnen in Wien zusammen, um dieses Fest zu feiern.

Danach besuchte Utta die Äbtissin und bat, ins Kloster aufgenommen zu werden.

„So kam ich auch 1943 zu den Schotten, zur Äbtissinnenweihe von Frau Maria Rosa Fritsch von Cronenwald. Sie wohnte damals im Exil auf der Gumpendorferstraße. Nach einem vielstündigen Gespräch mit ihr – ich hatte beim Begräbnis von Mutter Benedikta zu Schwarzenberg wie bei der Äbtissinnenweihe zum ersten Mal einen benediktinischen Frauenkonvent kennengelernt – frug ich gleich, wie man 'eintreten' könne. Ihre Antwort war: man könne nur dort anklopfen, wo eine Türe sei, und Sankt Gabriel hätte zur Zeit keine Türe. Später wurde mir klar, dass sie auch ein wenig Angst vor mir hatte: die Jugendbewegung prägte mich noch sehr stark und Mutter Maria Rosa war anders geprägt, wie mir schien, im Kreuzungspunkt von gehobenem Bürgertum und Beuroner Monastizität, wie man sie damals verstand. In großer Harmlosigkeit schleifte ich ihr auch all meine 'Prachtstücke Mensch' an, die sie wohl oft schockierten. Dennoch liebte ich sie schnell! Es gab auch in den kommenden Jahren vielleicht einmal eine andere Meinung unter uns, aber niemals eine bleibende Verärgerung oder dergleichen."

Die Äbtissin war also zunächst noch etwas skeptisch, da ihr Uttas Nähe zu Neuland bekannt war, und diese Protestbewegung nicht ganz ihre Sympathie trug. So machte sie sie mit der Benediktinerin Maria Antonia Schönburg bekannt, die mit einer kleineren Gruppe von Nonnen aus Bertholdstein bei den „Guten Hirtinnen" in Wiener Neudorf aufgenommen war. In vielen aufbauenden Gesprächen lernte Utta diese Ordensfrau von Herzen lieben und verehren.

Jeden Tag um ein Uhr mittags fand die Vesper in Wiener Neudorf statt, und die junge Studentin freute sich täglich auf diese Stunde. Sie ließ in der Akademie den Pinsel fallen und beeilte sich, die „Badener Elektrische" zu erreichen, um rechtzeitig über Mittag im Kloster der „Guten Hirtinnen" zu sein.

„Trotz meiner wilden Entschlossenheit kam aber gerade in dieser Zeit der Kontra-Ansturm auf mich zu. Ein Freund, damals Barkeeper bei den Amis in Grinzing, wollte unbedingt, dass ich 1945 nochmals an der Akademie inskribierte. Es schien mir aber überhaupt nur das Fach 'Restaurierung' sinnvoll, zumal ich 1943 und 1944 dort zwei Sommereinsätze bei Professor Eigenberger absolviert hatte, die, wie man mir sagte, etwa zwei Semestern Restaurieren entsprächen. Mein hochverehrter Meister Sterrer und auch Professor Eigenberger durften aber wegen der Parteimitgliedschaft 1945 nicht dozieren! Ich war dann für zwei recht sinnlose Semester inskribiert, ging nur selten auf die Akademie und litt unter allem sehr. In Chemnitz war unser Haus verbrannt, meine Mutter in Wien im Schottenhof, mein Vater in englischer Gefangenschaft in Norddeutschland. Gottlob war seine Ernennung zum General beim OKH Berlin hängengeblieben, sodass er als Oberst nicht zu den Kriegsverbrechern gezählt wurde.
Keiner meiner Freunde war aber für diese meine 'Heimatlosigkeit auf Erden' auch nur im entferntesten 'zuständig' geworden ... und in mein mir gesetztes Ziel wollten sie mich dennoch nicht gehen lassen. Im nachhinein muss ich sagen: Gott hat mich wohl besonders geschützt in dieser anscheinend 'schutzlosen Zeit'. Er gab mir auch die Energie, auf eigene Faust zu handeln. So schrieb ich mit der ersten Möglichkeit drei Briefe gleichen Inhalts (wegen der damaligen Zonengrenzen) an die Frau Äbtissin, die ich auf verschiedenem Wege in die Steiermark sandte. Ich bekam die Antwort: 'Obwohl ich glaube, dass Sie nicht zum monastischen Leben berufen sind, erlaube ich Ihnen, zu prüfen und geprüft zu werden...'"

Sr. Maria Antonia Gräfin Schönburg-Glauchau

Am 11. Jänner 1946 war es schließlich soweit: es ging nach Bertholdstein.
Zuvor beichtete Utta zu Hause ihren Entschluss.
„Ich fahre in die Steiermark", sagte sie ihrer Mutter.
„Was machst du dort?"
„Leben!"
Als der Vater nach Hause kam und die Familie sich im Schottenhof traf, fiel die Mutter ihm weinend um den Hals: „Die Utta geht ins Kloster..."
Für sie war es eher ein schon länger befürchteter Schock, während der Vater sich verständnisvoll zeigte.
So kam es, dass die dreiundzwanzigjährige Kunststudentin mit Rucksack und in damals für Frauen sehr unüblichen Schihosen im eisigen Jänner 1946 mit der Bahn in die Oststeier-

mark fuhr und bei klirrender Kälte zu Fuß den weiten Weg nach Bertholdstein hinaufstapfte.

Zum ersten Mal stand sie dann mit Herzklopfen vor dem gewaltigen Riesenportal der Abtei St. Gabriel, einer gewaltigen Burganlage aus dem zwölften Jahrhundert.

Portal der Abtei

„Im Jänner 1946 war es dann soweit, und ich fuhr nach Lödersdorf, von dort ab ging ich zu Fuß den Berg hinauf. Da ich noch nie hier gewesen war, kannte ich auch die örtlichen Gegebenheiten nicht und suchte eine 'Einstiegsmöglichkeit'. Sie schien mir am Küchentürchen gegeben und so klopfte ich dort. Schwester Bernadette bekam es mit der Angst zu tun, denn sie meinte, ich sei ein Russe, ließ mich dann aber doch an die Pforte gehen und eintreten. Die erste Nacht schlief ich in der sogenannten 'Toretta' in einem wunderhübsch spartanischen Zimmerchen im Gemüsegarten, damals ein Ein-Zimmer-Turm."

Schloss Bertholdstein

Bevor wir mit der jungen Postulantin in die Abtei einziehen, wollen wir einen kleinen Spaziergang durch die spannende Hausgeschichte machen.

Bertholdstein war einst eine der größten befestigten Höhenanlagen zur Sicherung des Raabtales. Berthold I. von Emmerberg, ein Traungauer Ministeriale im zwölften Jahrhundert, errichtete hier eine erste Burg, die bis ins fünfzehnte Jahrhundert seiner Familie gehörte. Der rückwärtige Teil mit einem unregelmäßigen zweistöckigen Wohnbau, der einen Hof mit Bogengängen umschließt, und die Vorburg mit dem großen noch heute sehr wehrhaft aussehenden Torgebäude, an das sich die gotische, ursprünglich romanische Burgkirche anschließt, sind die alten Teile der Burganlage. Burg und Vorburg werden durch einen später errichteten prachtvollen langen Arkadengang miteinander verbunden.

1578 bis 1800 war die Festung im Besitz der Lengheims, die sie erweiterten, später unter anderem der Grafen Trauttmans-

Burg Bertholdstein, Kupferstich von Vischer 1681

Die gewaltige Burganlage Bertholdstein

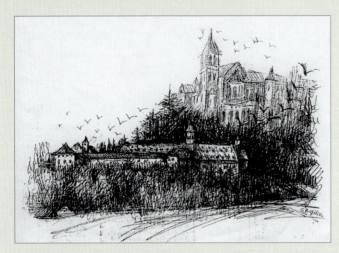
Die Abteien St. Gabriel in Prag und Bertholdstein auf einer Federzeichnung von M. Basilia

dorff und der Familie Noe von Nordberg, bis sie 1871 vom Grafen Ladislaus Koszielski als Ruhesitz erworben wurde. Dieser stammte aus Posen, war zunächst im preußischen Militärdienst und wurde schließlich Berater des türkischen Sultans Abdul Medschid. In dieser Funktion gelangte er zu Ansehen und Reichtum. Unter dem Namen „Sefer Pascha" verbrachte er die Sommermonate in Bertholdstein, ließ vieles restaurieren und Teile im orientalischen Stil ausstatten; außerdem besaß er eine umfangreiche Kunstsammlung. Sefer Pascha war eine schillernde Persönlichkeit. Er erfüllte die romantischen alten Mauern mit rauschender Geselligkeit und ließ sich einen eigenen Weg nach Bad Gleichenberg bauen, um die Grazer Ballettratten, die im Sommer im dortigen Kurtheater auftraten, zu besuchen. Man sagt, dass er mit einer Romangestalt in der „Kameliendame" des Alexandre Dumas ident sei.

Nach seinem Tod räumten die Erben die Burg aus und verkauften das alte Gemäuer.

Sie wechselte nun unablässig die Besitzer und verfiel langsam. Ab 1919 waren Eleonore Gräfin Lamberg und Franziska Gräfin Esterházy, geborene Prinzessinnen zu Schwarzenberg, die Besitzerinnen der Burg; sie waren es, die sie schließlich der Abtei St. Gabriel schenkten.

1863 hatten die Brüder Maurus und Placidus Wolter die Beuroner Kongregation gegründet, die 1887 auf fünf Mönchsklöster angewachsen war, darunter im alten Österreich die Abteien Emmaus in Prag und Seckau in der Obersteiermark. Auf Grund des neu erwachten benediktinischen Ordenslebens wurde dann mit der Grundsteinlegung 1888 das erste Frauenkloster der Beuroner Reformkongregation in Prag gegründet, das bald einen großen Zulauf hatte.

Dass St. Gabriel in Prag schließlich zu St. Gabriel in Bertholdstein wurde, geschah auf Grund der Entwicklung in der neuen Tschechoslowakei nach dem Ersten Weltkrieg. Das Kloster ging an den Staat und 1919 übersiedelten die Nonnen gruppenweise in die steirische Burg. 1920 erfolgte die kirchenrechtliche Translation durch die Religionskongregation in Rom. Die erste Äbtissin, Adelgundis Berlinghoff, erlebte die Gründung und

Übersiedlung und starb 1922 schon in der neuen Klosterniederlassung.

Abgesehen von einer kurzen Zeit im Zweiten Weltkrieg ist die Burg bis heute im Besitz der Ordensfrauen von St. Gabriel. Anfänglich gab es vierundneunzig Personen, 1935 bereits einen Höchststand mit einhundertzwölf. 1922 wurde Benedikta zu Schwarzenberg für einundzwanzig Jahre Äbtissin. Mutter Basilia hat sie nur noch auf dem Totenbett gesehen.

Kurz nach dem Anschluss Österreichs tauchten Hitlers Leute in Bertholdstein auf. Am 15. März 1938 erschienen die ersten bewaffneten Braunhemden und veranstalteten eine Hausdurchsuchung nach Waffen und Aristokraten, die sich angeblich in der Burg versteckt hielten.

1941 wurde das Gebäude samt Besitz als „volks- und staatsfeindliches Gut" beschlagnahmt und der klösterlichen Verwaltung entzogen. Im nächsten Jahr kam es zur Enteignung und der Konvent wurde innerhalb von vier Tagen „gauverwiesen". Die Klosterfrauen fanden weit verteilt in verschiedenen Klöstern Unterkunft, aber der Kontakt miteinander konnte aufrecht erhalten werden.

1943 starb die Äbtissin Benedikta zu Schwarzenberg in Wien, als Nachfolgerin ging Maria Rosa Fritsch von Cronenwald hervor, deren Weihe Mutter Basilia so beeindruckt hatte. Sie blieb bis 1954 in ihrem Amt.

In den Kriegsjahren wurde die Burg unter anderem von Kreuzschwestern mit einhundert behinderten Kindern bewohnt, und 1945 diente sie als sowjetisches Gefangenenlager.

1945 bis 1946 begannen die vertriebenen Ordensfrauen schließlich in Gruppen in ihr verwüstetes Kloster zurückzukehren.

Erzengel Gabriel vor der Abtei

Äbtissin Benedikta zu Schwarzenberg

Nach dem Krieg

Die Kriegshandlungen hatten furchtbare Spuren von Zerstörung und Plünderung hinterlassen. Große Teile der Bibliothek, des Archivs und die Paramente waren verschwunden.

Schwester Maria Antonia Schönburg erhielt als Dank für ihre Arbeit als Pflegerin in einem sowjetischen Lazarett ein Pferd mit Wagen und kehrte damit ins Kloster zurück, wo das Russenpferd noch lange in der Landwirtschaft diente. Mutter Basilia erzählt, dass später noch ein zweites Pferd dazugekauft wurde, und alle haben gestaunt und sich gefreut, als nach elf Monaten plötzlich zwei entzückende Fohlen da waren!

Die heimgekehrten Klosterfrauen machten sich voller Schwung an die Aufräumarbeiten. Zellen wurden geweißelt, Decken und Leintücher wegen Ansteckungsgefahr verbrannt, das Dach nach Bombentreffern notdürftig repariert.

„Eine Mordsschufterei", erinnert sich Mutter Basilia. „Wir haben tagelang mit dem Rechen rund um die Burg alte Schuhe, Kleider von Russen, tote Tiere, kaputte Lebensmittel und ähnliches weggezogen und vernichtet. Und dann musste, abgesehen von Reparaturen im Haus, auch Heu gemacht werden. Wir haben Unmengen Garben gebunden, aber das war eine schöne Arbeit. Es mangelte damals an allem. Die Mahlzeiten bestanden meist aus trockenem Brot und Bohnensuppe. Diese Suppe war übrigens wunderbar, ich liebe sie heute noch! Die besten Gerichte sind die, die man isst, wenn man wirklich Hunger und schwer gearbeitet hat."

In der Anfangszeit herrschte auf Grund der Aufbauarbeiten ziemlicher Platzmangel im Haus.

Utta teilte eine winzige Zelle, nur durch einen Vorhang zweigeteilt, mit der Ungarin Martina Farkas, die um einiges älter war als sie, sehr gebildet, mit einem Doktorat. Die beiden verstanden sich gut und haben dann später auch die „Ewige Profess" zusammen gemacht.

Aber soweit war es noch lange nicht. Denn der Werdegang einer Nonne dauert mehrere Jahre.

Zunächst, als Postulantin, bittet man um den Eintritt. Man trägt noch seinen Taufnamen und geht in Zivil. Erst nach sechs Monaten erhält man das 'Heilige Kleid' mit einem weißen Schleier und einen neuen Namen: ab nun ist man Novizin.

Aus „Utta" wurde damals „Basilia", nach dem Heiligen Basileos Macros, einem Bischof und Abt in Kappadokien, der im vierten Jahrhundert als Verbindungsgestalt zwischen Ost und West wirkte.

Die Noviziatszeit ist Mutter Basilia in sehr schöner Erinnerung. Ihre Novizenmeisterin war die spätere Äbtissin (1954–1963) Augustina Glatzel. Sie war eine Deutsche, streng und prinzipientreu, aber dennoch lieb und gütig. Man war als Novizin sehr beschäftigt mit Chorputzen, Vorlesen, Singen, Üben, im Stickatelier arbeiten, und es gab auch viele Konferenzen mit hohem Niveau über Zeremonien, Latein, Kirchengeschichte und so weiter. Im Kloster herrschte ein großzügiger Schwung unter Äbtissin Maria Rosa Fritsch von Cronenwald, die wie Schwester Basilia aus einer Offiziersfamilie stammte.

Das Noviziat dauert drei Jahre und schließlich findet die endgültige Aufnahme statt: die „Ewige Profess" und die „Consecratio Virginum".

Am 1. September 1950 wurde Schwester Basilia endgültig zur benediktinischen Ordensfrau geweiht und legte die Ewigen Gelübde ab. Damals gab es sogenannte „Frauen" und „Laien-Schwestern". Alle Arbeiten inklusive 'Schmutzarbeiten' wurden zwischen Frauen und Schwestern geteilt. So hat „Frau Basilia", wie sie damals genannt wurde, unter anderem Heu gemacht, Chor geputzt, in der Küche gearbeitet. Eine wesentliche Unterscheidung der beiden Gruppen war, dass die Frauen lateinisch beteten und die Schwestern deutsch. Diese Zweiklassengesellschaft innerhalb der Klostermauern nahm ihr

Ende mit dem Zweiten Vatikanischen Konzil: Ab dann gab es nur noch gleichrangige Schwestern, die Äbtissin wurde wie bisher „Mutter" genannt.

In den vielen Jahren in der Abtei St. Gabriel durchlief Schwester Basilia alle möglichen Aufgabenbereiche: Sie war Subpriorin, im Refektorium, Priorin, Novizenmeister, Küchenfrau (das hat sie besonders gerne gemacht) und schließlich auch Äbtissin.

Nach den schweren Aufbaujahren wurde unter Äbtissin Augustina Glatzel in den Sechzigerjahren die Landwirtschaft auf mustergültigen Erwerbsobstbau umgestellt. Zudem wurden neue Zellen im Haus errichtet, eine Ölheizung und eine Waschanlage installiert. Äbtissin Cäcilia Fischer ließ ab 1963 die Chorkapelle, einst Rittersaal, im Hinblick auf die bevorstehende Weihe zur Kirche modernisieren, wobei Schwester Basilia eine bedeutende künstlerische Rolle zukam.

Jede Ordensfrau brachte eine Gabe oder Ausbildung mit, die für das Wohl des Klosters eingesetzt werden sollte. Die einen waren mit der Landwirtschaft vertraut, andere stickten und webten, machten Musik oder arbeiteten wissenschaftlich. So war es naheliegend, dass Schwester Basilia ihre künstlerische Ausbildung in das Klosterleben einbrachte.

1967 wurde Bertholdstein sogar zur Filmkulisse. Maximilian Schell, ein Nachkomme der Vorbesitzer Noe von Nordberg, drehte dort die Verfilmung von Kafkas Roman „Das Schloss". Der künstlerisch sehr wertvolle Film kam vier Jahre später in die österreichischen Kinos und 1973 ins Fernsehen.

So erlebte St. Gabriel, in Österreich neben dem Männerkloster Seckau das einzige zur Beuroner Reformkongregation gehörende Frauenkloster, eine neue Blütezeit.

Voll Begeisterung und Wehmut schwärmt Mutter Basilia vom dynamischen Ordensleben der frühen Jahrzehnte, als die Abtei noch mit fast einhundert Klosterfrauen besetzt war: ein klösterlicher Großbetrieb, in dem jeder seine Aufgaben hatte und im Rahmen der „Benediktinischen Regel" und monastischen Usancen aktiv zum Funktionieren einer wunderschönen Gemeinschaft beitrug.

„Domna" Basilia als Schwesternmeisterin

Gemeinsames Handarbeiten in St. Gabriel

Sr. Hemma, St. Gabriel

In den Apfelplantagen von Bertholdstein, 2007

Der Friedhof der Abtei, 2007

Unwillkürlich muss ich an den Spaziergang denken, den wir unlängst gemacht haben.

„Ich möchte dir den Friedhof zeigen", sagte Mutter Basilia ganz unvermittelt. Und so wanderten wir bergauf unter strahlend blauem Aprilhimmel zwischen blühenden Obstbäumen und blumenbedeckten Wiesen, ein Tag wie aus dem Bilderbuch. Die vierundachtzigjährige Ordensfrau eilte energisch voran.

Auf der Höhe angekommen, ging es wieder ein Stückchen quer durch die Wiese bergab, und plötzlich standen wir vor einem schattigen weihevollen Hain, umgeben von uralten riesigen Koniferen. Mutter Basilia öffnete die Riegel des eisernen Tores und wir betraten respektvoll die Ruhestätte aller Äbtissinnen und Nonnen von Bertholdstein: in der Mitte unter einem großen steinernen Kreuz die erste Äbtissin Adelgundis Berlinghoff, und ringsumher, nur mit kleinen steinernen Tafeln versehen, die schlichten Grabhügel aller anderen.

Da ruhten sie alle, die Mutter Basilias Leben begleitet hatten, und von denen sie mir so viel erzählt hat: Äbtissin Maria Rosa Fritsch von Cronenwald, Äbtissin Benedikta zu Schwarzenberg, Maria Antonia Schönburg, ihre Novizenmeisterin Äbtissin Augustina Glatzel, die ungarische Zimmergenossin ihrer Novizenjahre Martina Farkas, die ehemalige Neuland-Schuldirektorin Mirjam Prager, Äbtissin Cäcilia Fischer ... Mutter Basilia ging mit mir von einem Grab zum anderen.

Beim Zurückgehen ließ sie ihre Blicke noch einmal über die friedvolle Ruhestätte der Benediktinerinnen schweifen.

„Eigentlich hätte ich sie alle lieber noch lebendig bei mir", sagte sie nachdenklich und traurig und schloss das eiserne Tor zum Friedhof und zur Vergangenheit wieder.

Als wir durch die Obstplantage und die paradiesische Landschaft zurückgingen, tauchte im Blütenmeer wieder Bertholdstein vor uns auf: ruhig, mächtig, von der warmen Aprilsonne beschienen, ein einladender Ort des Friedens mit einer fast tausendjährigen Geschichte. Und in diesem Augenblick verstand ich wie nie zuvor den Schmerz der betagten Benediktinerin, nach einem ganzen Leben hier diesen wunderbaren Ort verlassen zu müssen.

Beuron und die Klosterkunst

*W*ie die anderen Ordensfrauen ging auch Schwester Basilia ihrem gelernten Beruf nach und wurde zur Hauskünstlerin. Sie bekam von der Äbtissin ein Atelier zugeteilt, und als Pater Hildebrand Fleischmann aus Seckau über Psalmen predigte, wurde bei ihr dazu eine ganze Serie von meditativen Psalmbildchen bestellt, die dann während des Vortrags mit einem Diaapparat an die Wand projiziert wurden.

Es war immer schon üblich gewesen, dass Nonnen sich in der Abtei künstlerisch betätigten.

Da gab es zum Beispiel drei alte Mitschwestern, von denen Schwester Basilia aber nur noch zwei selbst erlebt hat; sie waren „Domnas", „Frauen", während Basilia noch junge Novizin war. Eine war Baronin Dorothea Forstner, die zweite eine Gräfin Marianna von Galen. Die dritte, Magdalena von Galen, war schon gestorben. Alle drei waren Malerinnen und hatten in Prag noch höchstpersönlich den berühmten Pater Desiderius Lenz als Lehrmeister gehabt.

Das war in der Tat etwas Besonderes, denn Desiderius Lenz war der Begründer des klassischen „Beuroner Kunststils", und viele von Beuron aus gegründeten Klöster waren in diesem Stil ausgestattet, auch Prag und so manches in Sankt Gabriel. Die Kunstrichtung schied die Geister sehr heftig: Entweder war man davon hingerissen oder man lehnte sie völlig ab. Dieser Beuroner Kunststil war ein europäischer Meilenstein in der Geschichte der benediktinischen Kunst, beziehungsweise überhaupt in der religiösen Kunst um die Wende vom neunzehnten zum zwanzigsten Jahrhundert. Und so wie jeder Klosterkünstler hat sich natürlich auch Schwester Basilia mit seinen Kunstwerken intensiv auseinandergesetzt. Sie hat Pater Desiderius Lenz nicht mehr persönlich gekannt und seinen Stil in der Novizenzeit eher abgelehnt, denn sie wollte ihre eigene Linie finden. Heute bewundert sie ihn aber wegen seiner mutigen künstlerischen Eigenständigkeit und Perfektion.

Pater Hildebrand Fleischmann, Seckau, Auftraggeber der Psalmenbilder

Pater Desiderius Lenz, 1926

Peter Lenz (1832–1928) war Sohn eines Tischlermeisters und absolvierte nach einer Lehrlingsausbildung bei seinem Vater in München an der Akademie der Bildenden Künste ein Bildhauerstudium. Er wurde Professor für Bildhauerei an der Kunstgewerbeschule in Nürnberg und ging schließlich nach Italien, wo er sich in Rom mit allen wichtigen Hauptströmungen der Bildenden Kunst auseinandersetzte. Mit vierzig Jahren trat er als Oblate in das hohenzollerische Benediktinerkloster Beuron ein und legte 1878 die endgültigen Gelübde als Pater Desiderius ab. Im Kloster gründete er eine gemeinschaftlich arbeitende Künstlergruppe, und sein neuer Stil bildete eine gewisse Vorläuferschaft zur Kunst der Moderne.

Ursprünglich in der altmeisterlichen naturalistischen Darstellung beheimatet und ausgebildet, brach er mit allen Regeln und kreierte eine eigene Art von sakraler Monumentalkunst.

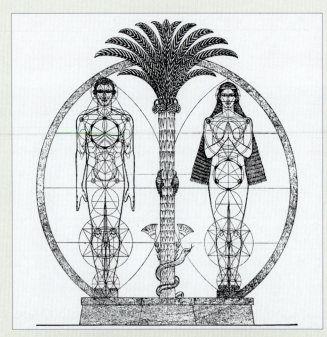
Aus dem „Kanon" des Beuroner Paters Desiderius Lenz

„Pieta", Entwurf von Pater Desiderius Lenz, 1871

„Eine Zornantwort auf die kitschigen Nazarener", nennt Mutter Basilia seinen Stil.

Er forderte die Abkehr von der Naturnachahmung, wollte tieferliegende Sinnebenen in der Bilddarstellung finden und somit die katholische religiöse Kunst erneuern. 'Gottesdienstlich' statt 'menschendienstlich' sollte sie sein, ein hieratisches monumentales Kultbild mit Gott im Mittelpunkt voller Majestät und Macht. Dies sei im Mittelalter und den folgenden Jahrhunderten nicht gelungen, nur in der altägyptischen und griechischen Kunst. So begann Lenz zu abstrahieren, Linien und Silhouetten zu betonen; Architektur sollte herrschen, Malerei dienen. Auf Grund seiner Proportionsstudien schuf Lenz auch einen eigenen „Kanon", ähnlich wie Dürer und da Vinci, ein Regelwerk über die Geometrie des menschlichen Körpers. So enstanden monumentale Wandbilder in an das alte Ägypten und die Antike angelehnten Formen, als Gesamtkunstwerk des Beuroner Kunststils und nicht als Einzelwerke definierter Künstler. Als besonders charakteristisches Werk dieser Richtung gilt die „Maurus-Kapelle" in Beuron.

In der Beuroner Schule arbeiteten während eines Zeitraumes von mehr als fünfzig Jahren fast siebzig Mitarbeiter ihr ganzes Leben lang. 1905 wurden anlässlich einer Ausstellung in der Wiener Sezession erstmals außerhalb des Klosters Entwürfe von Lenz gezeigt und machten dort Furore: Wiener Kunstkritiker erkannten sofort ihren hohen Wert und die enge stilistische Verwandtschaft zu den Sezessionisten. Weitere Ausstellungen in Europa folgten, und plötzlich widmeten sich alle Kunstzeitschriften der Beuroner Schule.

Wenngleich Pater Desiderius Lenz als Leitbild für viele zeitgenössische bildende Künstler galt, war es aber ebenso verständlich, dass manche wie Schwester Basilia, die nicht mehr direkt in seinem Einflussbereich standen, ihren eigenständigen künstlerischen Weg zu finden versuchten.

Aus ihrer Anfangszeit als Klostermalerin kann sich Mutter Basilia, abgesehen von den Psalmenbildern, an keine besonderen eigenen Werke erinnern.

Unter den ersten Bildern, die sie damals malte, war ein ikonenartiges Heiligenbild, das sie für eine Kapelle anfertigte. Es existiert auch ein Foto einer „Patrona Hungariae" aus dem Jahr 1952 für ungarische Emigranten in London.

Das erste große Frühwerk war wohl der wunderschöne Flügelaltar, den sie 1953 für die Kirche Schwaan in Norddeutschland malte, auf Wunsch von Franziska Schönburg, der Schwester ihrer Ordenskollegin Maria Antonia. Er stellt Szenen aus dem Marienleben dar, inspiriert von Motiven aus dem Malerbuch vom Berg Athos („Hermenea tes zoografices").

In Schwaan befindet sich übrigens auch ein viel später von ihr gemalter Kreuzweg mit fünfzehn Stationen, sehr ähnlich dem für die Fehringer Pfarrkirche.

Patrona Hungariae, 1952

Flügelaltar für die Kirche Schwaan, 1953

Meisterklasse Professor Szyszkowitz

1958 wurde der Grazer Innenarchitekt Richard Maurus Kraut, Oblate in Seckau, der in St. Gabriel in die Restaurierungsarbeiten involviert war, auf Schwester Basilia aufmerksam und fand, dass es gut wäre, die begabte Ordensfrau weiter zu fördern. Er schlug vor, sie zur Perfektionierung nach Graz zu seinem Freund Professor Rudolf Szyszkowitz zu schicken und sprach darüber mit der damaligen Äbtissin Mutter Augustina Glatzel. Die von ihrer ehemaligen Novizin als sehr gütig und

v.l.: Maria Schauerte, Sr. Basilia, Innenarchitekt Richard und Inge Kraut

gescheit geschilderte, aus Deutschland stammende Äbtissin reagierte sehr verständnisvoll und erlaubte der mittlerweile sechsunddreißigjährigen Benediktinerin, erst einmal für zwei Jahre, also vier Semester, die Meisterklasse des Professors an der Kunstgewerbeschule in Graz zu besuchen.

Sie durfte vierzehntägig mit dem Bus hinfahren und jeweils zwei Tage in der Stadt bleiben, wo sie bei den Kreuzschwestern wohnte. Nach Abschluss der beiden Jahre meinte Professor Szyszkowitz, dass er eine Verlängerung für gut halten würde,

und Richard Kraut gelang es, bei der Äbtissin für Schwester Basilia eine Erlaubnis für weitere zwei Jahre zu erwirken.
So kam es, dass die Benediktinerin von 1959 bis 1963 acht Semester lang die Meisterklasse des renommierten Malers besuchen durfte.

Prof. Rudolf Szyszkowitz

Professor Rudolf Szyszkowitz wurde 1905 in Villach geboren, lebte als Kind in Zadar und ab 1915 in Graz. Mit fünfzehn Jahren trat er der Neuland-Bewegung bei, deren Ideale ihn entscheidend prägten. Er studierte vier Jahre an der Grazer Kunstgewerbeschule und ging dann nach Wien an die Akademie der Bildenden Künste, wo er den gleichen Lehrer hatte wie später Schwester Basilia: Professor Karl Sterrer. Zunächst absolvierte er bei ihm acht Semester die 'Allgemeine Malschule' und wurde schließlich weitere vier Jahre Meisterschüler bei Sterrer und Rudolf Bacher. Anschließend arbeitete er einige Zeit als freischaffender Künstler in Wien, es gab erste Ausstellungen, Aufträge und Preise.
1935 wurde er an die Kunstgewerbeschule nach Graz berufen, um dort eine Meisterklasse aufzubauen. Mit Ausnahme des zweijährigen Kriegsdienstes führte er seine Lehrtätigkeit fast vierzig Jahre durch. Er war Mitbegründer und einige Jahre Präsident des Steirischen Werkbundes, Mitglied der Wiener Sezession, Initiator zweier Religio-Ausstellungen und wurde auf persönlichen Wunsch von Kokoschka, der die „Schule des Sehens" gegründet hatte, als sein Nachfolger an die „Salzburger Sommerakademie" berufen. 1976 starb der Maler in Graz.
Schwester Basilia hatte somit einen Lehrer, mit dem sie einiges verband: die Jugendbeziehung zum Bund Neuland, der gemeinsame Professor Sterrer an der Wiener Akademie und die Beschäftigung mit religiöser Kunst, die auch dem Grazer Professor ein großes Anliegen war. Er hatte zum Beispiel in

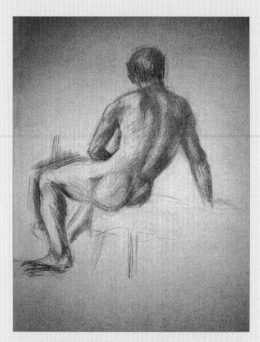

Sr. Basilias Aktstudien aus der Meisterklasse

seiner Wiener Zeit im Holzmeister-Bau der Neulandschule in Grinzing das große Wandgemälde des Heiligen Christophorus gefertigt.

So wie Sterrer vertrat auch Szyszkowitz den Standpunkt, dass Kunst einer strengen Gesetzmäßigkeit zu folgen hatte, und der Satz: „Kunst ist frei, mach was du willst!" besaß bei ihm absolut keine Gültigkeit.

Der Malprofessor war eine starke Persönlichkeit, schauspielerisch begabt und humorvoll; es gelang ihm ganz außerordentlich, die Schüler in seinen Bann zu ziehen. Er war eine autoritäre Erscheinung, aber dennoch kameradschaftlich, und schaffte es, Lob zu verteilen, ohne andere zu kränken.

Die Arbeit in der Meisterklasse war nicht leicht, denn Szyszkowitz verlangte viel. Er selbst war ein Vorbild an unentwegter Anstrengung und Hingabe an seinen Auftrag.

Der Unterricht begann gegen acht Uhr früh, meist waren etwa fünfzehn Schüler im gemeinsamen Klassenzimmer.

Drei Unterrichtsfaktoren waren maßgeblich: „Kopf", „Akt", „Komposition". Das absolute Lieblingsfach von Schwester Basilia war „Komposition". Das fand einmal in der Woche statt. Es wurde dann ein Thema vorgegeben, zum Beispiel: „Drei verschiedenfarbig angezogene Menschen stehen beieinander und diskutieren". Manchmal wurden auch Gedichte als Themen gegeben, die vom Professor persönlich vorgetragen wurden. Dann wurde circa zwei bis drei Stunden lang individuell daran gearbeitet, meist auf großem Packpapier mit angeriebenen Leimfarben. Anschließend fand die kritische Besprechung statt. Die Staffeleien wurden im Halbkreis aufgestellt, und Professor Szyszkowitz stand in der Mitte und kommentierte die einzelnen Skizzen gemeinsam mit den Schülern, kritisierte und motivierte. Er mochte keine verwischten Zeichnungen, sondern kräftige mit breiter Strichführung à la Sterrer. „Können" war für ihn die Basis von Kunst.

„Kunst ist das Schwerste überhaupt; mehrere Male macht einer den Doktor, ehe er ein guter Maler wird", sagte er. „Es geht nicht darum, dass man der erste ist, man kann auch der letzte und vorletzte sein; es geht darum, dass man sich zu etwas bekennt, das qualitätvoll ist. Jeder ist verpflichtet, gewissensorientiert zu sich selber zu kommen."

So erhielt Schwester Basilia eine zusätzliche exquisite Schulung, und noch heute schwärmt sie in höchsten Tönen von ihrem Professor und seinem Unterricht.

Studienskizzen aus der Szyszkowitz-Zeit

Mit Sohn, Enkel und Schwiegertochter von Prof. Szyszkowitz und Mag. U. Seifert vor einem Werk des Professors

Glasfenster – eine neue Leidenschaft

Ab 1963 ließ die neue Äbtissin Mutter Cäcilia Fischer das Oratorium im ehemaligen Rittersaal restaurieren und modernisieren, dafür wurde wieder der Innenarchitekt Richard Kraut herangezogen und natürlich auch die Hauskünstlerin involviert. Kraut schlug Schwester Basilia vor, Fenster zu machen. Das hatte sie noch nie ausprobiert, aber der Innenarchitekt behob ihre Zweifel, und so ging sie ans Werk und schuf ihre ersten Fensterentwürfe.

Als Richard Kraut die Entwürfe sah, war er gleich begeistert und brachte sie samt der Künstlerin nach Schlierbach, wo die Fenster in der Stiftswerkstatt angefertigt wurden.

So begann Schwester Basilias Karriere als „Fenstermalerin". Der erste richtige Glasfensterauftrag von außen kam von den Kreuzschwestern in Graz, wo sie für die neue Sanatoriumskapelle vier Fenster und ein Oberlicht gestaltete.

Auch eine Rosette im Wiener Stephansdom gehört zu ihren ersten Glaskunstwerken. In der Eligiuskapelle, rechts vom Riesentor, die damals für Abendmessen für Berufstätige eingerichtet wurde, stattete sie das vorhandene gotische Maßwerk mit ihren bunten Scheiben aus.

Im Laufe der späteren Jahrzehnte hat Schwester Basilia über zweihundert Glasfenster geschaffen, in Kirchen, Kapellen, Aufbahrungshallen. Und ihnen allen ist eines gemeinsam: Sie sind fröhlich. Sie verbreiten ein „positives Licht", erzählen von Heiligen, dekoriert mit Tieren und Pflanzen, lassen in düsteren Aufbahrungshallen von der hellen Auferstehung träumen, bringen das Licht des Himmels und Hoffnungsschimmerstrahlen in die Herzen der darunterstehenden Betrachter.

Rosette in der Eligiuskapelle im Wiener Stephansdom

Das ist wohl die Hauptintention der sakralen Glaskünstlerin; aber es ist ebenso faszinierend ihr zuzuhören, wenn sie die technischen Arbeitsgänge des Glasfenstermachens beschreibt. Sie ist eine überaus ordentliche und perfektionistische Handwerkerin, hält aber auch die Erklärungen von Sinn und Inhalt ihrer Fenster mit ihrer gestochenen ästhetischen Handschrift auf Papier fest.

So möchte ich als solches Beispiel ihre Deutung des Fensters mit dem „Geigenden Franziskus" in der Grazer Franziskanerkirche wiedergeben:

„Im Zeitalter der Atombombe und des Holocaust fällt es nicht leicht, von einem Menschen zu sprechen, der so unendlich fröhlich ist, dass er vor lauter Jubel lachend zwei Äste packt und auf dieser Narrengeige zu jauchzen beginnt, und mit ihm scheint der ganze Kosmos zu singen und singt nun schon einige Jahrhunderte nach dieser Weise das zärtlichste Lied aller Lieder: Das Lied der seligen Gottesminne! Ist uns Menschen anno 1984 das Lachen vergangen? Es mag sein …, aber unsere Babys jauchzen dennoch voller Lebenslust, weil sie das Ausmaß des Bösen noch nicht kennen. Die 'heile' Welt, das ist die Welt unserer Sehnsucht, unseres Glaubens: letztlich hat auch der böseste Mensch die Sehnsucht in sich, endlich, endlich das Glück, die Freude, den Frieden zu finden! Lassen wir Sankt Franziskus die Geige seiner Liebe über dem erdbebengeschädigten Assisi spielen, trotz allem, und gehen wir mit ihm auf die Suche nach dem Vater!"

Ihren praktischen Sinn erkennt man sogleich, wenn sie nüchtern den Begriff „Glaskunst" definiert: „Glaskunst ist die Gestaltung eines Fensterraumes in Farben und Formen, die sich zu einer Vorstellung vereinen. Themen können Figuren sein, Menschen, Geschehen, Tiere, Pflanzen, und es gibt unglaublich viele Gestaltungsmöglichkeiten."

Von diesem Variationsreichtum hat die Künstlerin sehr vielfältig Gebrauch gemacht; die Palette ihrer Glasfenster spannt sich von abstrakt-geometrisch bis ganz klassisch-naturalistisch. Wie entsteht nun ein solches Fenster?

„Zwei Arten Fenster habe ich gemacht", erklärt die Benediktinerin. „Antikglasfenster, die nach alter Tradition aus mundgeblasenen Scheiben bestehen, das sind natürlich die nobleren Fenster, und die habe ich lieber gemacht. Aber auch einige Betonglasfenster mit modernen gegossenen Glaserzeugnissen habe ich angefertigt."

Für die Herstellung eines Antikglasfensters werden zunächst Skizzen gezeichnet, manchmal hat man aber auch schon eine genaue Vorstellung, und dann kann man gleich einen original großen Entwurf in Farbe malen, meist mit Deckfarben auf Riesenpackpapier oder Zeichenpapier, dessen Bögen man zusammenklebt. Rücksicht genommen werden muss bei den Unterteilungen nicht nur auf Sinn und Inhalt der Darstellung, sondern auch darauf, dass die Glasflächen nicht zu groß sein dürfen und auch noch Verbleiungen erhalten.

Die fertigen Entwürfe von Schwester Basilia gingen meist nach Schlierbach. In der dortigen Glasmalerei war lange Zeit der „Meister Odilo" tätig, und auch Bruder Lukas hat dort gearbeitet.

In der Werkstatt sind in großen Regalen und Stellagen rechteckige Scheiben in allen Farben aufbewahrt, aus denen man aussuchen muss, was man braucht.

„Hätte man eine markante Handbewegung für das ‚Beruferaten' gewählt, so hätte man für einen Glaskünstler wohl das Halten der Scheiben gegen das Licht genommen, mit dem er den richtigen Farbton für sein Werk herausfindet", schmunzelt die Ordensfrau.

Die entsprechenden Teile werden nun nach Entwurf zugeschnitten und entsprechend der Vorlage auf eine farblose Glasplatte als Trägerschicht geklebt. Zwischenräume werden dort freigelassen, wo später die Verbleiung hinkommt, und inzwischen von rückwärts mit schwarzer Farbe zugestrichen. Auf der vorderen Farbglasseite werden jetzt die nötigen Bemalungen mit Schwarzlot durchgeführt, einer Eisenoxydfarbe,

Mit Meister Odilo, Schlierbach 1974

der Glasstaub beigemengt ist. Wenn man Gummi Arabicum dazumischt, das in Wasser aufgelöst ist, bekommt es die Konsistenz einer dicken schwarzen Wasserfarbe. Damit werden Details auf die Farbscheiben gemalt, zum Beispiel Gesichter, Hände, Faltenwurf oder Schriften.

Nur die bemalten Scheibenstücke werden dann von der Trägerschicht heruntergenommen und bei circa 630 Grad Celsius in einem Spezialofen gebrannt, gegen das Ankleben geschützt durch eine Art isolierenden Staub, ähnlich wie Mehl zum Stauben beim Kuchenbacken.

Alle fertigen Teile werden wie ein Mosaik auf einem Tisch zusammengelegt, und man beginnt mit der Verbleiung. Biegbare Bleistäbe in H-Form in verschiedenen Größen werden in der

Fuge mit einem Spezialkitt versehen, und dann wird das jeweilige Glas eingesetzt und sanft angehämmert. Dazwischen gibt es auch größere Metallverstrebungen. Ganz zum Schluss werden die Kreuzungspunkte verlötet, und das Fenster ist fertig und kann an seinen künftigen Standort gebracht werden. Besonders erwähnenswert sind Schwester Basilias Fenster in der Franziskanerkirche und der Grabenkirche in Graz, im Landeskrankenhaus Vorau, im Kloster Marienkron (Burgenland), in der Abtei St. Gabriel, in Kremsmünster, im Wiener Stephansdom, in der Pfarrkirche Mallnitz, bei den Franziskanerinnen in Wien und Kreuzschwestern in Graz, in Aufbahrungshallen wie etwa Leibnitz und Hatzendorf; auch zahlreiche Kapellen in Österreich und Privathäuser beherbergen ihre Glaskunst.
Wenngleich man es kaum glauben möchte: Selbst hinter Klostermauern ist man nicht vor neidischen Attacken aus der Künstlerwelt gefeit.

Teichalm, Kapellenfenster-Weihe

So geschah es in den Achtzigerjahren in Graz, und was sich damals ereignete, nennt Mutter Basilia heute lächelnd den „Fensterkrieg". Sie erhielt damals vom Franziskanerkonvent den Auftrag, zunächst zwei, später auch die restlichen im Krieg zerstörten Seitenfenster des Hauptschiffes der gotischen Kirche zu gestalten. Die drei schönen Fenster hinter dem Hauptaltar waren schon 1956–62 nach den Entwürfen des Grazer Künstlers Franz Felfer hergestellt worden. Nach einer Pause von zwanzig Jahren war man nun der Meinung, eine Ordensfrau, die die Liebe zu Gott in die Mitte ihres Lebens gestellt hat und zudem eine anerkannte Glaskünstlerin war, wäre prädestiniert, ebenfalls mit einigen Fenstern die Gläubigen zu erfreuen. Und da ihre klassischen Entwürfe für Antikglasfenster auf Wohlgefallen stießen und sich auch gut in das gotische Innere einfügten, wurde der Auftrag an sie vergeben. Doch niemand hatte damit gerechnet, dass eigentlich Franz Felfer überzeugt war, auch die anderen Fenster der Kirche machen zu dürfen. Und so begann ein Zeitungskrieg, in dem Professor Felfer mithilfe eines „offenen Briefes", unterzeichnet von prominenten Künstlern, versuchte, den Auftrag an die Benediktinerin abzuwehren, mit dem Argument, in der Nachkriegszeit würde immer nur ein Einzelkünstler die Ausstattung einer Kirche entwerfen, da es sonst zu einem Stilbruch käme. Das Franziskanerkloster blieb trotz der Gegenkampagne bei seiner Entscheidung, und Schwester Basilias Entwürfe für die Fenster wurden ausgeführt. Sie sind wunderschön gelungen und bilden zusammen mit den Felfer-Fenstern auf sehr harmonische Art die mystische Beleuchtung in der gotischen Kirche.

Zum Schluss dieses Kapitels noch ein besonderer Hinweis für alle, die sich speziell mit Schwester Basilias Glaskunst befassen wollen: Es existiert

Pater Guardian Clemens Sladecek OFM

darüber eine Diplomarbeit von Frau Mag. Dr. Helma Roth, und wer sich ganz detailliert informieren möchte, sollte diese wissenschaftliche Arbeit zur Hand nehmen.

Die Internationale Sommerakademie in Salzburg

*D*er freundschaftliche Kontakt zu Professor Szyszkowitz und Richard Kraut blieb natürlich weiterhin erhalten, und eines Tages meinte der Professor, es wäre gut, wenn Schwester Basilia seine „Internationale Sommerakademie" in Salzburg besuchen würde. Die renommierte Malschule war als „Schule des Sehens" von Kokoschka gegründet worden, und dieser persönlich hatte Szyszkowitz als seinen Nachfolger dafür ausgewählt.

Schwester Basilia bekam wieder die Erlaubnis des Klosters, und die Finanzierung der Sommerakademie übernahm ihre Stiefmutter.

Die Eltern der Benediktinerin hatten früher immer mit einem befreundeten Ehepaar Bridge gespielt, und nachdem ihre Mutter und der Mann von „Tante Marianne" gestorben waren, fädelte Dompfarrer Dorr die Ehe zwischen Basilias Vater und der Tante ein und traute die beiden auch. Die Ordensfrau, damals schon lange im Kloster, spricht voller Sympathie über ihre Stiefmutter, die sich immer liebevoll um sie gekümmert hat.

So kam es, dass Schwester Basilia fünf Mal die Internationale Sommerakademie in Salzburg besuchen konnte, und zwar in den Jahren 1968 bis 1972. Sie dauerte jeweils etwa viereinhalb Wochen, fand auf der Feste Hohensalzburg statt und war eine sehr intensive Auseinandersetzung mit der Malerei.

Den ganzen Tag wurde unter der Anleitung von Meister Szyszkowitz fast durchgehend gearbeitet. Entweder kamen Modelle in das Atelier, oder es wurden Naturstudien in der Landschaft gemacht, etwa in Maria Plain.

Die Modelle, die freiwillig kamen, um sich porträtieren zu lassen, waren meist Prominente, die sich zur Festspielzeit in der schönen Stadt aufhielten. Sie saßen mitten im Atelier und wurden von den ringsherum sitzenden Schülern gemalt.

So porträtierte Schwester Basilia unter anderem die Opernsängerin Anneliese Rothenberger, die Schauspielerinnen Nadja

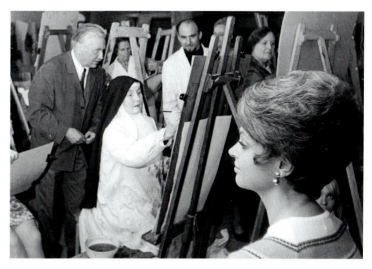

Sr. Basilia porträtiert die Filmschauspielerin Nadja Tiller; hinter ihr Prof. Szyszkowitz, Salzburg 1968

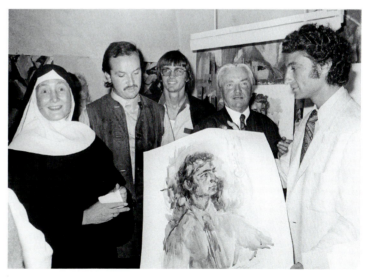

Mit dem Pantomimen Sami Molcho, Salzburg 1970 (rechts hinten Prof. Szyszkowitz)

Bühnenskizzen von den Salzburger Festspielen

Tiller und Johanna Matz und den Pantomimen Sami Molcho. Sie erinnert sich, dass Anneliese Rothenberger und Sami Molcho ihre Arbeiten anschließend erworben haben. „Frau Rothenberger war die großzügigste von allen", erzählt sie. „Dreihundert Schillinge hat sie mir für das Blatt gegeben. Aber manche andere haben ihre Porträts nur so mitgenommen."

Szyszkowitz erreichte auch, dass seine Studenten zum Zeichnen bei den Proben für die Festspielaufführungen anwesend sein durften. So kam Schwester Basilia nicht nur in den Genuss wunderschöner Aufführungen, sondern machte auch zahlreiche Augenblicks-Skizzen von den auf der Bühne agierenden Schauspielern, Momentaufnahmen voller Lebendigkeit in Bewegung und Ausdruckskraft.

Als die Aufführungen vorbei waren, hatte die Ordensfrau die Idee, zum Marionettentheater zu gehen, zu dessen Leiter Professor Aicher und seiner Tochter Gretl. Als einzige Studentin machte sie dort ebenfalls Bewegungsskizzen.

Für Schwester Basilia, die ja sonst ein sehr zurückgezogenes Leben in der alten Burg Bertholdstein führte, waren diese Ausflüge in die Welt wohl auch ein wunderbares „Loch im Zaun".

„Eine herrliche Stadt", schwärmt sie noch heute. „Alles war voller Leben zur Festspielzeit, die Gebäude beleuchtet, ein Lichtermeer voll eleganter Menschen…"

Und als sie mir das so erzählt, muss ich wieder an ihre Skizze zu Anfang des Buches denken, an den Fuchs und den Wolf, die sich friedlich die Hand reichen.

Auf die Frage, wo sie in Salzburg gewohnt hat, fliegt ein schelmisches Lächeln über ihre Gesichtszüge.

„Na ja, zuerst im Kolleg St. Benedikt. Das war ein Studienhaus für Benediktiner. Drei Jahre lang durfte ich dort wohnen."

Sie macht eine spannende Pause und betrachtet nachdenklich ihre feinen Hände.

„Aber dann durfte ich nicht mehr. Pater Pius vom Mönchsberg hat mich abgewiesen."

Erstaunt ziehe ich die Augenbrauen hoch.

„Völlig lächerlich, das Ganze", fährt sie fort. „Einen Stock über mir hat der etwa gleichaltrige Bruder Lukas gewohnt.

Er war Glasmaler in Schlierbach und hat dort schon früher meine Betonglasfenster gemacht. Und 1970 hat er, genauso wie ich, die Sommerakademie beim Szyszkowitz besucht. Als ich im folgenden Jahr wieder zu den Mönchen nach Sankt Peter gegangen bin und beim alten Pater Pius angefragt habe, ob ich im Kolleg Quartier bekommen könnte, hat er mich ganz empört abgewiesen. Er hat nämlich Anstoß daran genommen, dass ich in der letzten Saison mit dem Bruder Lukas jeden Tag mit dem Aufzug auf die Feste hinaufgefahren bin, und ganz besonders, dass ich manchmal am Abend nach dem Kurs mit ihm spazierengegangen bin, so wie die anderen Studenten auch. Aber das war doch total harmlos, geschwisterlich, wir sind beide – in kirchlicher Ordenstracht! – abends durch die wunderschön erleuchtete Festspielstadt gebummelt und haben über Gott und die Welt geredet."

So ist Schwester Basilia dann zu den „Guten Hirtinnen" gepilgert, die ihr für das vierte Jahr ein Quartier gegeben haben. Im fünften Jahr hatte sie dann ganz großes Glück, denn sie konnte über Vermittlung von Freunden eine Privatwohnung in Abwesenheit der Besitzer hüten.

„Und was ist mit dem Bruder Lukas passiert?"

„Er hat Fenster gemacht, für Korea. Da hat ihm eine sehr begabte junge Koreanerin assistiert; schließlich ist er aus dem Kloster ausgetreten und hat sie geheiratet."

Jahre nach Salzburg war Schwester Basilia in Marienkron, einem Zisterzienserinnenkloster mit Kurbetrieb. Da wurde eine Frau Molcho von einer Schwester im Wartezimmer aufgerufen. Schwester Basilia hörte das und fragte die Dame: „Kennen Sie zufällig den Sami?"

„Eigentlich ganz gut", erwiderte die Patientin. „Er ist mein Mann."

„Ist das lustig", sagte die Ordensfrau erfreut. „Ich habe ihn vor Jahren in Salzburg porträtiert!"

Ab 1972 leitete Professor Szyszkowitz die Salzburger Sommerakademie nicht mehr, und so war es vorbei mit den interessanten Kursmonaten in der Festspielstadt.

Ordo est Amoris

Das Leben im Kloster ist streng eingeteilt. Der Alltag beginnt früh, der Wecker läutet um fünf Uhr, und um dreiviertel sechs eilen die Schwestern zur „Matutin", dem kirchlichen Morgengebet. Dieses dauert etwa eine halbe bis dreiviertel Stunde, nach einer Meditationszeit gefolgt von den „Laudes"-Lobeshymnen und Psalmen. Anschließend gibt es Frühstück im Refektorium. Gesprochen wird nur, wenn es notwendig ist. Am Vormittag geht dann jeder seinem Beruf und seiner geistigen oder manuellen Arbeit nach. Um zwölf Uhr gibt es ein gemeinsames Mittagessen im Refektorium. Die Gemeinsamkeit ist besonders wichtig, sie gehört zu den monastischen Usancen. Eine Nonne ist jeweils Tischdienerin, eine andere Tischleserin; beide essen im Voraus, damit sie Zeit

Sr. Nicole Haenni (li.) und Sr. Mirjam Prager, St. Gabriel

für ihre Aufgaben haben. Gebete werden gesprochen, manchmal gibt es auch Musik. Nach Tisch findet ein Stundengebet in der Kirche statt, die „Mittagshore", und anschließend gibt es eine halbe Stunde gemütliche Rekreation im Konventzimmer, bei der man dann redet, handarbeitet und Ähnliches.

Ab dreizehn Uhr dreißig kann jede Nonne in ihrem Zimmer eine Siesta halten, und dann wird wieder gearbeitet, bis die Glocke um siebzehn Uhr fünfzehn zu Vesper und Amt in die Kirche ruft. Um achtzehn Uhr dreißig ist das gemeinsame Abendessen im Refektorium, um zwanzig Uhr die „Komplet", das letzte Abendgebet im Oratorium vor dem Schlafengehen.

Auch wenn die Benediktinerinnen einem monastischen Orden angehören und in Klausur leben, halten sie doch stets die Türe offen für Gäste und Menschen, die Hilfe brauchen. Sie haben ein weites Herz für alle Sorgen, strahlen Wärme und Heiterkeit aus.

Ein besonderer Tag ist natürlich der des hl. Benedikt am 21. März; aber auch hohe Kirchenfeste oder Anlässe, wie beispielsweise 1989 die Hundertjahrfeier der Prager Gründung mit Bischof Johann Weber, sind Höhepunkte im klösterlichen Dasein, ebenso wie Jubiläen von Ordensangehörigen. Mutter Basilias Goldprofess wurde am 1. September 1997 mit einem feierlichen Hochamt begangen.

Drei Äbtissinnen: M. Basilia mit M. Ancilla und M. Marcellina, Saeben

M. Basilia mit dem hw. Propst von Stift Vorau

Es werden Besuche und Gegenbesuche, Aufenthalte und Exerzitien in anderen Klöstern absolviert, und so gibt es auch in dieser Hinsicht rege gesellschaftliche Kontakte. Früher wohnte in St. Gabriel ständig ein Spiritual (auch ein Onkel meines Mannes, Pater Vinzenz Silva-Tarouca, war einige Jahre als Priester in der Abtei), heute ist man auf Priesterbesuche von auswärts angewiesen.

Schwester Maura hatte ein Haus in Mieders in Tirol geerbt, und bis zu dessen Verkauf nach dem Tod der Verwalterin Cilli wurden dorthin regelmäßig Ordensfrauen auf Sommerfrische geschickt. Die Altäbtissin erinnert sich voller Wärme an die vielen lieben Menschen dort, vor allem an ein Ehepaar namens Anna und Ferdinand Stern.

Anna und Ferdinand Stern, Mieders

Besonders gut verstand sich die Benediktinerin mit ihrer Mitschwester Nicole. Diese stammte aus Sion in der Schweiz,

Schwester Nicole

Illustrationen zu Meditationen von Sr. Nicole

Sr. Basilia in Sion

Schwester Basilia war auch mit ihr dort und malte in dieser Zeit einige sehr stimmungsvolle Aquarelle. Schwester Nicole war aus dem Kloster im französischen Dourgne nach der ewigen Profess nach St. Gabriel gekommen, starb aber leider noch recht jung im Jahr 1978.

Durch ihre künstlerische Tätigkeit zählte Schwester Basilia zu den Ordensfrauen, die sich besonders oft „in der Außenwelt" aufhalten durften. Ihre Aufträge führten sie weit herum, sie lernte unzählige Menschen kennen und war, abgesehen davon, vor allem in der „großen Glasfensterzeit" ein sehr einträglicher Wirtschaftsfaktor für das Kloster. Auch heute noch mit fast fünfundachtzig Jahren arbeitet sie unermüdlich, malt Porträts und biblische Szenen.

Mit dem Maler Franz Weiß

„Freundeskreis" 1989 mit Dr. Barbara Coudenhove-Kalergi

1989, nach dem altersbedingten Rücktritt von Mutter Cäcilia Fischer, wurde Schwester Basilia zur neuen Äbtissin von St. Gabriel gewählt.

Am 16. Dezember erhielt sie ihre Äbtissinnenweihe, mit Prosternation: In diesem Ritus legt man sich vor dem Altar auf den Boden, demütig mit dem Gesicht zur Erde.

Voller Eifer ging die neue Äbtissin ans Werk, wobei sie als Hauptziel den geistlichen Inhalt ihres Amtes sah. Den äußeren Belangen schenkte sie weniger Aufmerksamkeit. Das Kloster war wirtschaftsmäßig gut durchorganisiert, alles funktionierte bestens, und sie sah deshalb keine große Notwendigkeit, daran etwas zu ändern.

Statt dessen bemühte sie sich, das Haus durch geistlich getragene Fürsorge zu leiten:

„Das Amt des Abtes ist in der Regula mit großer Maßhaltung und Weisheit beschrieben. Immer wieder geht es um die Gottsuche in Bindung der Brüder oder Schwestern untereinander und zum Abt oder Äbtissin. Diese Bindung ist ihrem Wesen nach unlösbar", beschreibt Mutter Basilia, wie sie ab jetzt genannt wird, ihr Amt in ihren Aufzeichnungen.

Sie ist eine leidenschaftliche Verfechterin monastischer Usancen (Gebräuche) und konservative Bewahrerin schöner Zeremonien. Obwohl sie einst als Experiment ausprobiert hat, „draußen" in Zivil zu gehen – niemals im Kloster selbst –, ist sie inzwischen zur eisernen Überzeugung zurückgekehrt, dass die Ordenstracht, besonders die Kukulle, ein nicht wegzudenkendes Attribut klösterlichen Lebens ist.

Auch auf Perfektion von Respektbezeugungen, wie „Genuflex" (Kniebeuge), „Profunda" (tiefe Verneigung) und „Media" (halbe Verneigung) legt sie sehr großen Wert. Begriffe wie Treue und Vertrauen liegen ihr besonders am Herzen.

Goldprofesstag von Sr. Johanna mit S. Exzellenz Bischof Johann Weber

Äbtissin M. Basilia, Goldprofess 1997

„Die Geheimnisse des Kosmos im Mönch", Kurhaus Marienkron

Um die Spiritualität im Kloster zu fördern, hielt sie als Äbtissin viele geistliche Gespräche und Konferenzen (Ansprachen) ab. Sie führte auch das Schuldkapitel, die „Culpa", wieder ein, in deren Verlauf man einmal wöchentlich im Kreise seiner Mitschwestern kleine Verfehlungen, mit denen man die Kommunität geschädigt hat, bekannte („... ich habe meinen Schleier zerrissen ..."), in der „Großen Culpa" auch größere. Das sollte das Bewusstsein der Verantwortlichkeit stärken.

Ihr größtes Anliegen war aber das Ideal von der Liebe: Das Mönchtum sollte eine Gemeinschaft sein, deren Mitgliedern man einzeln liebevoll beisteht, zum wahren Mönchsein zu kommen. Dieses Ideal hat sie versucht, in ihrem Bild des wie ein Kreuz ausgespannten „Mönch im Kosmos" darzustellen. Auch ihren Wahlspruch als Äbtissin hat sie in dieser Hinsicht gewählt: „ORDO EST AMORIS". Es ist ein Satz des Heiligen Augustinus und er bedeutet „Der Liebe wohnt Ordnung inne". Mutter Basilia schreibt:

„Mein Meister in Wien an der Akademie sprach immer vom 'Inneren Gesetz', wobei wir uns wahrscheinlich dort alle nicht im klaren waren, was das sei. Mehr und mehr aber erfuhr ich sowohl beim Malen als auch im Leben, und im monastischen Leben besonders, eine Ahnung vom Gesetz: 'Ordo est Amoris'. Vielleicht kommt das einem Juristen oder Techniker wie Phantasie vor. Es ist aber nur eine andere Methode, Leben zu erfahren."

Im Jahre 1998, kurz nach Ostern, trat Mutter Basilia wegen Erreichung der Altersgrenze als Äbtissin zurück.

Die Malerin heute

All die Jahre war die Benediktinerin sehr fleißig. Sie schuf nicht nur Glasfenster, sondern porträtierte auch hohe kirchliche Würdenträger, beispielsweise Kardinal Franz König, Bischof Johann Weber, Bischof Maximilian Aichern, und einige Äbte, zum Beispiel von Seckau, Sankt Lambrecht oder Rein. Zahlreiche Bewohner der Region ließen sich oder ihre Kinder malen. Sie hat Kardinal König in der Millergasse in Wien porträtiert. Auf die Frage, wie das war, antwortet sie: „Er war brav und geduldig, aber sehr distanziert und abgehoben, eher unromantisch."

Wenn man sie beim Arbeiten mit Kindern beobachtet, fallen zwei Dinge besonders auf: die gütige Würde, die sie ausstrahlt und die die

Enkelin von Mutter Basilias Freundin „Annana"

Mit hw. Abt Petrus, Stift Rein

Mit dem hw. Abt Praeses Anno Schoenen OSB vor dem Arkadenhof in Bertholdstein

Beim Porträtieren von Anna, 2007

aufgewecktesten Kleinen ehrfürchtig und reglos Modell sitzen lässt, und die Präzision und Konzentration, mit der sie ihr Werk in Angriff nimmt. So diszipliniert und ordentlich, wie sie ihre Farben und Pinsel bereitlegt und handhabt, so genau und gekonnt sind ihre Striche auf dem Malgrund. Mit scharfen prüfenden Augen misst sie das Gesicht, schätzt Entfernungen mit einem in die Höhe gehaltenen Bleistift, setzt die Proportionen mit der Sicherheit jahrzehntelanger Routine.

Erst wenn das Gesicht fertig ist und das Modell schon weg, beginnen die Überlegungen über Hintergründe, die die persönliche Note des Porträtierten noch verstärken sollen: Blumen, Bischofswappen, Landschaften, Stimmungsfarben werden meist hinterher dazugesetzt.

Sie beherrscht eine bunte Palette von malerischen Varianten, vom antik wirkenden klassischen Mönchsporträt bis zu expressionistisch angehauchten Bildern in exzentrischen Farbtönen, die an die Werke ihrer früheren Meister erinnern.

Sie malte unzählige Blumenbilder, Vögel, Schmetterlinge; in vielen ihrer Werke, auch den religiösen, bilden Pflanzen und Tiere farbenfrohe Attribute. Sie strahlen Positives aus, Achtung vor Mensch und Natur, gestellt unter die gütige Regierung Gottes.

Hin und wieder tauchen rätselhafte Bilder in ihren Mappen auf, die sie irgendwann einmal gemacht hat. Eines davon – leider nur mehr als Foto vorhanden – ist zum Beispiel der „Seiltänzer", der in feurigen Farben auf einem Seil über einem Abgrund zwischen grauen Häuserschluchten balanciert.

Ihre religiösen Bilder haben eine starke Symbolkraft. Sie selber hat niedergeschrieben, welche Bedeutung Symbole für sie schon immer hatten:

„Symbole sind stellvertretende Zeichen, die einen Sinnzusammenhang bildlich ausdrücken."

„Wasser und Baum sind unsere Lebensgenossen. Ohne sie können wir nicht leben. Das Wunder des Lebens ist über all unser Begreifen groß und gewaltig."

Beim Porträtieren von Dr. Ernst Zeibig

Ein Beispiel für die zahlreichen Blumenbilder

„Der Christ ist ein Mensch auf die Wirklichkeit zu. Er muss sich immer zu ihr bekennen, und so heißt 'Symbol' für uns 'Wegweiser zur Welt Gottes'. Die Phantasie kann uns helfen, ihn zu finden und dankbar zu werden. Was wir suchen, ist Gottes Wirklichkeit."

„In der Mittelschule gab es bei uns einmal so eine 'Klassenmode', die eine Mtschülerin begann, weil sie aus einer Neulandgruppe stammte, die sich 'nordisch' orientierte. Man entwarf sich mit germanischen Runen Symbol-Broschen. Ich spielte mit. Mein Symbol war eine Pfeilrune, die auf einer Schlange stand. Verbal erklärte ich sie: 'Die Treue siegt'. Diese Brosche ließ mich niemals wieder los, nicht so sehr als Tugend, aber als einfache eingewachsene Haltung."

„Vor Jahren hatte ich das Bedürfnis, eine Abstraktion eines Urempfindens in mir zu malen. Es wurden zwei ineinandergreifende Formen – die ich staunend nach Jahren im Taoismus wiederfand: Yin und Yang! Man hat mir inzwischen das Bild abgenommen, aber ich hatte die Freude erfahren zu haben, dass im tiefsten Wesen das schlummert, was irgendwo auf der Welt als Sprachbild Geltung gefunden hatte."

„Symbole sind auch die Farben: Grasgrün, Blutrot, Himmelblau – das sagt uns, woher sie stammen. Sie sind also eine Art Wesensstenographie, die uns Mitteilung über das Dahinter macht. Wir sollten sie pflegen, weil sie Geistträger sind, die zuweilen Kräfte in uns erwecken."

Ich möchte an dieser Stelle auch Mutter Basilias Zitate über den Umgang mit Farben wiedergeben, die umso interessanter sind, weil sie die besondere Verbindung zwischen Kunst und religiösen Empfindungen herstellen.

„Liebe ich Gott, dann fällt mir aber auch meine Verantwortung der Farbe gegenüber auf, dann muss ich einmal danken dafür, dass es Farben gibt, dann muss ich ihnen Ehrfurcht entgegenbringen. Und das geschieht im Schnittpunkt von Spüren und Erkennen in dem mir persönlich eigenen Maß der Veranlagung."

„Ohne Ursache sind unsere Farbsehnsüchte nicht; sie sind aus dem Inneren aufsteigende Wegweiser in uns selbst zurück."

„So im Volksmund kann man immer noch hören: Du kannst dich ja freimalen, das heißt durch Farben psychologisch erlösen von Zwängen und Nöten. Wer mit Verantwortung Farben brauchen will, wird spüren, dass das falsch gedacht ist: zuerst muss die Sammlung auf das Werdende sein, dann kommt auch – und nicht immer – der Jubel über vielleicht Geglücktes."

„Es kommt ja nicht darauf an, eine Farbe anzustarren und bei ihr zu verharren, sondern – und darauf hat in jüngster Vergangenheit Kandinsky aufmerksam gemacht – das ganze Spektrum in uns aufzunehmen."

„Farbe braucht auch Nachbarn, das heißt, im Alleingang können ihre Schwingungen nicht aufschwingen – durch den Nachbarn gewinnen sie andere Wertigkeiten."

„Was alles bis zum Geht-nicht-mehr klar ist, trägt nicht dazu bei, dem Geheimnis des Lebens näherzukommen. In der Dunkelheit der Anbetung ist mehr Licht, als in der Banalität einer Ratio, die nicht von der Demut gespeist wird."

„So kann man beim Umgang mit Farben lernen, wie sich das Leben immer wieder neu an verschiedenen Schöpfungselementen ablesen lässt."

„Ich war einmal in Eisenstadt bei einer kleinen aber bedeutsamen Ausstellung der sogenannten 'Vergangenen Moderne' – Lionel Feininger, Schmitt-Rottluff, Otto Dix, Bedemann, Müller. Plötzlich fiel mir dabei auf: sie waren die Überwinder des Akademismus in den Vereinigungen 'Blaue Reiter', 'Bauhaus', 'Brücke'. Sie wollten nicht mechanisch und erlernt die Außenwelt wiedergeben, sie schöpften aus ihrer inneren Sicht und berührten so eine Wurzel jeder Kunst und eine tiefe menschliche Schicht."

„Was in der Kunst die Persönlichkeit des Malers übernimmt, nämlich eine Aussage, die man durch die Augen verstehen soll, das übernimmt im Kultbild die Mater Ecclesia mit ihrer heiligen Tradition. Das heilige Ikon dient nicht zur Selbstverwirklichung des Malers, ja es gibt Anschauungen, die ein mit einer Signatur versehenes Bild als ungültig erachten. Und das zeigt uns einen Treffpunkt von Mönch und Maler. Einfach nur hineingenommen zu sein in den Strom der Anbetung, seine Freude zu finden in der Ehre Gottes, ist für den Maler und Mönch eine wunderbare Herausforderung."

Dies mag wohl der Grund dafür sein, dass die Benediktinerin viele ihrer Werke nicht signiert hat.

Seit ihrer Zeit im Umfeld von Henning Bultmann, in der sie Leute traf, die der Ostkirche sehr verbunden waren, gewann ihr „Leben mit Bildern" auch in dieser Richtung neue Aspekte. Sie hatte immer ein sehr intensives Interesse an der Ikonenmalerei, und so malt sie nun neben Porträts auch wieder verstärkt 'Ikonen' mit einer sehr persönlichen Note.

„In den letzten zehn Jahren", schreibt sie, *„so schien mir, ist in unseren Landen die Begeisterung für Ikonen gewachsen. In einer Zeit der Reizüberschwemmung ein geglückter Rückschritt zur Innigkeit einer Sparsamkeit. Die Gestalten der Ikonen sind absolut 'unmodern'. Man stelle sich eine Mutter Gottes in Blue Jeans vor. Ich glaube, es war in Holland, dass man solche Versuche machte, Mutter Gottes mit Kinderwagen, und ähnliches. Was will uns das sagen? Zuerst einmal, dass das tradierte Bild wohl gar nicht so schlecht unserer Sehnsucht gerecht wird! Uns überkommt eine Art Zeitlosigkeit – der Leib ist existent, aber nicht präpotent. Die Darstellung verweist auf das Dahinter, die Sendung der jeweils Gesandten. Die Ikonen der Ostkirche künden uns mönchische Weisheit der Maßhaltung, des Verweilens im Inneren der Heiligen, als Wegweiser in eine andere Welt. Sie werden 'geschrieben', das heißt einfach wiedergegeben. Der Ikonenmaler fühlt sich nicht als Künstler, er will Diener des Wortes sein, macht einen Vorgangsschritt vom Bild zur Tiefenerkenntnis. Eine wunderbare Erfahrung sei noch erwähnt: die Aufgabe des Goldes. Die starke Flächenhaftigkeit der Ikonen will das räumliche Empfinden als Verweilen im zu Sinnlichen*

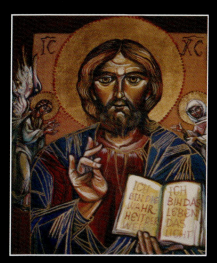

Ikonen von Mutter Basilia

zurücknehmen. Dafür spricht sie eine neue Dimension an, im Gold, einer Art Fremdkörper im gemalten Farbenklang, der auf die Andersartigkeit der Heimat im Himmel hinweist."

Mutter Basilia ist überzeugt, dass östliche Ikonen unsere innere Sehnsucht nach Mystik und uralter Tradition ganz besonders stark ansprechen.

Sehr weise und offen spricht sie über manche Probleme der katholischen Kirche:
„Wenn wir eine Kirche für Menschen haben, müssen wir zur Kenntnis nehmen, dass es eben Menschen sind, um die wir uns sorgen, das heißt, dass sie Fehler machen. Auch in der Kirche sind Menschen am Werk, und es können Fehler geschehen. In beiden Fällen sollte man nicht verdammen, denn oft werden 'Verbesserungen geschrieben', wie in der Schule. Die Kirche gehört zu unserem Glaubensgut, zu dem wir uns erst durchringen müssen. Aber durch den Glauben bekommen wir das Geschenk der Unterscheidung von Falsch und Richtig. Schlimm sind Verallgemeinerungen. Es ist nicht die Kirche, die sündigt, sondern e i n Mensch der Kirche! Im gleichen Maße bemühen sich tausende andere Geistliche alles richtig und gut zu machen, das wird leicht vergessen, wenn man mit dem Finger auf die Kirche zeigt."

Zum Gelübde der Ehelosigkeit:
„Ich finde das Prinzip der Ehelosigkeit gut, denn es hat sich im Laufe der Jahrhunderte im Großen und Ganzen bewährt, und eine gelungene ehelose Priesterschaft ist etwas sehr Schönes. Natürlich kann einmal etwas passieren, immerhin geht es ums Leben: Sexualität ist ein starker Lebensimpuls, der für gesunde Menschen schwer zu unterdrücken ist. Im Falle einer Sünde sollte man dem Priester verzeihen und ihm selber die Möglichkeit geben, zu sagen: 'Ich habe gefehlt!'."

Unermüdlich ist die Altäbtissin nach wie vor bei der Arbeit, in ihrem großen Atelier in der Klausur und dem kleinen Besucheratelier im Torgebäude. Bis vor einiger Zeit hat sie noch regelmäßig Malkurse veranstaltet.

Ikonenmalkurs Kollegg, 1992

Porträtkurs 1992

Mutter Basilias langjährig treusorgendes „Kleeblatt" (v.l.):
Mag. Ulrike Seifert, Dr. Brigitte Schuster-Böhm und Josefine Glanz

Auch mit hohen Preisen, die im Anhang dieses Buches angeführt sind, wurde die Künstlerin ausgezeichnet.

Frau LH Waltraud Klasnic überreicht das Große Goldene Ehrenzeichen des Landes Steiermark, Graz 1996

M. Basilia mit LH Dr. Josef Krainer

Sie liest viel, interessiert sich lebhaft für alle Kunstrichtungen, Architektur, Philosophie, studiert die Weisheiten des Dalai Lama ebenso wie Schriften griechischer Mönche, übt russische und hebräische Buchstaben, korrespondiert in ihrer fabelhaft gestochenen Handschrift mit interessanten Menschen. Aus den Augen der Benediktinerin, bei denen man manchmal den Eindruck hat, dass sie bis auf den Grund der Seele sehen können, blitzt trotz des hohen Alters ein wacher Geist, ihre geschickten Hände schreiben in energischen Zügen und handhaben perfekt Pinsel und Schraubenzieher.

Mutter Basilia, 2007

Sehr zu schaffen macht der Altabtissin der Abschied von Bertholdstein, das ihr doch über sechzig Jahre eine geliebte Heimat war. Es gibt derzeit nur mehr neun Ordensfrauen in der riesigen Burg, die äußerst mühsam zu erhalten ist. Aber als Kind alter Beuroner Traditionen und nach so vielen Jahren beglückender Klostergemeinschaft in diesem Haus quält Mutter Basilia nun die Angst, dass mit der Übersiedlung all das verloren geht, was ihr besonders am Herzen liegt.

Ich möchte deshalb hier Mutter Basilias Nachfolgerin als Äbtissin, hw. Mutter Hildegard Altmann OSB, zitieren, die 2006 in einem „Brief aus der Abtei Sankt Gabriel" Folgendes schrieb:

„Als Gottes Ruf an Abraham erging, seine Heimat zu verlassen und in ein neues Land zu ziehen, wusste er weder, wo dieses zu finden war, noch was ihn dort erwartete. Immer wieder fiel mir in den vergangenen Monaten dieses biblische Bild ein, weil es ein Ausdruck absoluten Vertrauens in die Führung Gottes ist. Abraham folgt der Aufforderung Gottes und verlässt sein eigenes Land, um in ein neues unbekanntes zu gehen. Der Weg des Abraham ist nicht leicht, er erfährt Widerstand und Hindernisse, und vor allem dauert er lange, sehr lange sogar. Allmählich lernt Abraham verstehen, dass es nicht so sehr um das konkrete neue Land geht, sondern darum, auf das Wort Gottes hin unterwegs zu sein. Seine Hoffnung richtet sich immer mehr von der Sache weg hin auf die Person, auf das Du Gottes. Gott ist es, der ruft und der führt, der den Weg begleitet. Die Verheißung eines neuen Landes oder zahlreicher Nachkommen hat eine Aussage, die sich erst langsam enthüllt und zu verstehen gibt.

Eine solche Verheißung steht auch über dem Weg unserer Gemeinschaft. Es ist heute nichts Ungewöhnliches, dass klösterliche Gemeinschaften kleiner und älter werden, dass sie finanzielle Schwierigkeiten haben oder dass es ihnen an konkreten Aufgaben fehlt. Auch unsere Situation war ähnlich. Es gab Momente, in denen uns die Sorge um den Erhalt unserer denkmalgeschützten Burg und um die Pflege des großen Areals zu erdrücken schien. Aber allmählich eröffnete sich uns ein neuer Weg, und in diesem Weg konnten wir mehr und mehr Gottes Ruf hören.

Wir wurden mit der Frage konfrontiert, wie das Leben einer benediktinischen Gemeinschaft in unserer Zeit der Orientierungslosigkeit leuchten könne wie eine Stadt auf dem Berg. Es entspricht den Bedürfnissen dieser Zeit, in Kirche und Gesellschaft als 'Oase' und Ort der Spiritualität so präsent zu sein, dass man leicht entdeckt, gefunden und besucht werden kann. Deshalb wollen wir unseren künftigen Standort in die unmittelbare Nähe eines kirchlichen Bildungshauses legen.

Eine Neuorientierung begann sich abzuzeichnen und führte unsere Gemeinschaft zu einem Aufbruch, der mit dem Ruf Gottes an Abraham gedeutet werden kann, die alte liebgewordene Heimat zu verlassen und in ein neues Land zu ziehen, das Gott selbst uns zeigt. Diese Entwicklung hat nun in den letzten Monaten konkrete Gestalt angenommen."

Wohin immer der liebe Gott sie in diesem Leben noch stellen wird: Mutter Basilia wird nicht nur künstlerische Spuren hinterlassen, sondern sie wird in ihrem Herzen all das mitnehmen, was sie liebgewonnen hat: Erinnerungen an Menschen, Begegnungen und Bilder, an das Rauschen des Windes rund um die Türme der alten Burg und das Läuten der Glocke, die zur Abendvesper ruft.

ANHANG

Auf Grund der unzähligen weit verstreuten Arbeiten von M. Basilia in öffentlichem und privatem Besitz ist eine vollständige Rekonstruktion des Gesamtwerks im Rahmen dieser Biographie nicht möglich.

Wir beschränken uns auf eine breit gefächerte Auswahl bedeutender und künstlerisch markanter Hauptwerke, um einen repräsentativen Überblick über das Schaffen der Künstlerin zu geben.

GEISTLICHE PORTRÄTS

Bischof Johann Weber (1 x in Graz, 1 x Aquarell in Bertholdstein), 1972
Abt Anasthas aus Prag
Abt Johannes Gartner (Seckau)
Abt Wolf Placidus (Seckau)
Abt Athanas Recheis (Seckau)
Äbtissin Cäcilia Fischer (Bertholdstein)
Abt Adalbert Metzinger, 1984
Abt Otto Strohmaier (St. Lambrecht), 1984
Damian de Veuster SSCC (Patron der Leprakranken)
Don Johannes Bosco
Abt Laurentius (Tholay), 1994
Abt Hrabanus (Tholay, Deutschland)
Abt Präses Anno Schoenen (Maria Laach), 1995
Äbtissin Edeltraud Forster (St. Hildegard), 1995
Kardinal Dr. Franz König (Wien), 1995
Abt Robert Beigl (Rein), 1999
Bischof Johann Weber (Schloss Seggau), 1999
Äbtissin Marcellina Pustet (Saeben, Südtirol), 2000
Äbtissin Ancilla (Saeben), 2000
Abt Berthold (Seitenstetten, Bleistiftzeichnung), 2007
Bischof Maximilian Aichern (für St. Lambrecht), 2007

WELTLICHE PROMINENTENPORTRÄTS

1968: Nadja Tiller (Filmschauspielerin)
1969: Anneliese Rothenberger (Opernsängerin)
1970: Sami Molcho (Pantomime)
1971: Hannerl Matz, Sonja Suttner (Schauspielerinnen)

GROSSE FRESKO- UND TAFELBILD-AUFTRÄGE

Flügelaltar in SCHWAAN, Norddeutschland 1953
VORAU MARIENSPITAL: Holztafeln im Festsaal
Pfarrkirche FEHRING: Kreuzweg 15 Tafeln
Kloster SAEBEN, Südtirol
Altarbild und Kreuzweg Dorfkapelle KATZENDORF
Altarbild Dorfkapelle FISCHA
Aufbahrungsraum ANTHERING
Aufbahrungshalle LEIBNITZ

Altarbild in Fischa

Fresko in Katzendorf

ZISTERZIENSERINNEN-KLOSTER MARIENKRON
(Abtei mit Kuranstalt)

Zahlreiche Fresken und über zwanzig Fenster.

Fresken in Marienkron u. a.:

In der Eingangshalle: Fries über Eingang (Gastfreundschaft von Abraham), drei Vögel, Papagei;

Am Telefon, Notausgangszeichen;

Teebar: Blumen, Eichhörnchen, Schwan;

Rezeption: Der Tageslauf: Morgen (Hahn, Mönche beim Morgengebet), Mittag (Sonne hält Dämon an Kette), Arbeit (Mühlräder, Nonne beim Ernten), Benediktinerin und Zisterzienserin zeigen Regeln des hl. Benedikt, Wappen von Marienkron und St. Gabriel, Abend (Untergehende Sonne, schlafende Katze und Ratte, Eulen, drei Affen) „Lebenslauf" und „Burgenlandbilder" existieren nicht mehr;

Paravent: (in Gebetsnische, drei fast abstrakte Einzelbilder);

Um die Ecke der Rezeption: Jona mit Walfisch;

Gegenüber: Clown mit Tiger („Torheit verbrennt");

Im Gang zur Wassertherapie: Serie: „Der Norden sinnt nach, der Westen denkt, der Osten meditiert und der Süden lebt";
Norden (Eskimokind, Polarhunde ziehen Schlitten mit Pinguinen);
Westen (Heiliges Wasser, Petit Prince);
Osten (Pandabären, Yin und Yang, kniender Chinese);
Süden (Baum, Tochter von Pharao holt Moses aus Wasser, Krokodil);
Zusammenfassung der vier Weltrichtungen (Spirale – jede Kultur führt in die Mitte);

Im selben Trakt: Fresken „Auferstehungssymbol" (Puppen, Raupen, Schmetterlinge);

Daneben: „Sei gut zu Bruder Esel";

„Monachus homo" (Der Mönch ist Seiltänzer)

sowie Fresken im Stiegenhaus.

Arbeiten für die Teebar in Marienkron

GLASFENSTER

(vorwiegend Antikglas, einige auch Betonglas; mit wenigen Ausnahmen in Schlierbach hergestellt)

Rosette im Wiener Stephansdom (Eligiuskapelle)
1962: Graz, Kreuzschwestern (5)
1963: Schloss Feistritz (1)
1965: Abtei St. Gabriel (4)
1967: Graz, Grabenkirche (3)
1967: Ursulinen, Graz (2)
1967: Hausmannstätten (1)
1967: Dorfkapelle Katzendorf (4)
1968: Schäffern / Dir. Posch (2)
1968/69: Franziskanerinnen, Wien (5)
1970: Gratkorn, In der Dult (3)
1974: Vorau, Krankenhauskapelle (12)
1975: Linz, Landwirtschaftskammer (1)
1975: St. Gabriel, Thesaurar (3)
1977: St. Ehrwald, Tirol (2)
1977: Wien, Kaasgraben (1)
1978/79: Mönchhof / Marienkron (21)
1979: Mallnitz, Kirche (2)
1980: Hatzendorf, Aufbahrungshalle (4)
1980: Feldbach, Kirche (1)
1980: Bad Gleichenberg, privat (2)
1980: Raika, Graz St. Peter (2)
1980/81: Baumeister Krenn, Feldbach (4)
1980/81: Micheldorf, Kirche (3)
1981: St. Anna am Aigen (1)
1981: Groß-Wilfersdorf, Meierhofen (3)
1981: Groß-Wilfersdorf, Fr. Dir. Posch (1)
1981: Privatvilla (Dipl.Ing. Francis), Wien (2)
1981: Hollenthon, N.Ö. – Marienkron (5)
1981: Hamborn-Duisburg, St. Barbara, BRD
1982: Graz, Franziskanerkirche (2)
1982: Franziskanerkirche, Grisailleprobe, Graz (1)
1982: Baumeister Krenn, Feldbach (1 Türe)
1982: Graz, Franziskanerkirche (4)
1983: Graz, Franziskanerkirche (2, Orgelfenster)
1983: Itter, Tirol, Kraftalm Käserkirche (13)
1984: Kremsmünster Subjako (6)
1984: Mieders, Tirol (1)
1985: Bad Marienkron
1984: Graz, Franziskanerkirche (2)
1985: Großklein, Aufbahrungshalle (2)
1986: Graz, Franziskanerkirche (2)
1987: Graz, Franziskanerkirche (2)
1987: Fehring, Schloss Stein (1)
1987: Graz, Marienschwestern (1)
1987: Graz St. Peter, Aufbahrungshalle (5)
1988: Hartmannsdorf bei Gleisdorf (2)
1989: Jennersdorf, privat (4)
1989: Autal, Aufbahrungsraum (2)
1989: Unterlamm (4)
1989: St. Andrä, Höch (2)
1990: Passail (1)
1990: Feldbach, Aufbahrungshaus (3)
1991: Marienkron (6)
1991: Paldau, Aufbahrungshalle
1991: Frau Pachler (2 Kapellenfenster)
1991: Fehring, Fa. Schag (1)
1992: Autal (8 Seligkeiten)
1992: Jennersdorf, Altenheim (5)
1992: Feldbach, Krankenhaus (4)
1993: Oberdorf, Burgenland (2)
1993: Oberloisdorf (6)
1993: Oberloisdorf (5)
1993: Jennersdorf, Rose für Pfarrer (1)
1995: Teichalm, Kapelle zum Hl. Kreuz
2001: Dorfkapelle Fischa (4)
2006: Horitschon (2)
2006: Rotes Kreuz, Feldbach

Lehrmädchenhaus Naglergasse, Graz
Villa am Gugel, Linz
Glasfenster für Fam. Pellikka (Finnland)
St. Marein am Pickelbach (4)
Marienkron (2 Wände Glasätzungen)
Café Meran, Feldbach (Glasätzungen)
Pfarrer Luisser (4)
Pöllau (2)

*Buchillustration zu „Favola"
von H. Glanz*

AUSSTELLUNGEN

1963: Joanneum Graz
1964: Religio Graz
1969: Salzburg, „Dokumentation" 64–69
1968–1972: Ausstellungen der Sommerakademie Salzburg
1969: München, Galerie Messerschmitt
1971: Rom
1971: Galerie im „Alten Hackerhaus" – Apels Königliches Kunstkabinett, München (Einzelausstellung)
1971: Haus Schäfer-Risse, Salzburg (Einzelausstellung)
1973, 1974, 1977: Hatzendorf
1973: Fehring
1976: Schladming, Kleine Galerie der Volksbank (Einzelausstellung)
1981: Graz, Priesterseminar, „Schwestern kreativ", anlässlich des Steirischen Katholikentages
1982: Volksbildungsheim St. Martin (Einzelausstellung)
1982: „Glasmalerei" – Glasfenster steirischer Künstler, Land- und Forstwirtschaftliche Fachschule Hatzendorf
1982: Sparkasse St. Peter (Einzelausstellung)
1983: Steiermärkische Bank Graz-Andritz
1984: „10 Jahre Steiermärkische Bank in Andritz"
1986: Galerie Moser, Graz, für Amnesty International
1987: Kleine Galerie Fehring „Die heile Welt gibt es nicht, aber den Traum von ihr" (Einzelausstellung)
1987: „Glas – Licht – Leben: Faszination des Kirchenfensters", Diözesanmuseum
Franziskanerkloster Eisenstadt
1987: Landwirtschaftliche Fachschule Hatzendorf, 35-Jahrfeier
1989: Volksbildungsheim St. Martin
1990: Künstlerhaus Graz
1990: Merkursaal, Innsbruck (Einzelausstellung)
1990: Steiermärkische Bank (Bahnhofsgürtel) (Einzelausstellung)
1990: Städtische Musikschule Feldbach (im Rahmen der Feldbacher Sommerspiele)

AUSZEICHNUNGEN

1968 und 1969: Ehrenpreis der Stadt Salzburg
1996: Großes Goldenes Ehrenzeichen des Landes Steiermark
2000: Josef Krainer Heimatpreis

LITERATUR

Johanna Buschmann, „Beuroner Mönchtum", Aschendorff, Münster 1994.

Dr. Rudolf Grasmug, „Von Bertholdstein nach Pertlstein", Die Entwicklung der Herrschaft und Abtei Bertholdstein sowie der Gemeinde Pertlstein, Gemeindeamt Pertlstein, Pertlstein 1995.

Franz M. Kapfhammer, „Neuland" – Erlebnis einer Jugendbewegung, Styria Verlag, Graz 1987.

Josef Kreitmeier S.J., „Beuroner Kunst", Eine Ausdrucksform der christlichen Mystik, 4. u. 5. Aufl., Herder Verlag, Freiburg i. Breisgau 1923.

Peter Krenn, „Die Oststeiermark", Verlag St. Peter, 2. Aufl., Salzburg 1987.

Mirjam Prager OSB, „Das Buch meines Lebens", Styria Verlag, Graz 1981.

Dr. Helma Roth, „Zum künstlerischen Werk von Sr. Basilia Gürth OSB unter besonderer Berücksichtigung der Gestaltung von Glasfenstern", Band 1 und 2, Diplomarbeit (Institut für Kunstgeschichte an der Karl Franzens Universität), Graz 1998.

Georg Szyszkowitz, „Der andere Rudolf Szyszkowitz", Manu Media Verlag Schnider, Graz, April 2002.

Dr. Ulrich Thieme und Dr. Felix Becker, „Allgemeines Lexikon der bildenden Künstler von der Antike bis zur Gegenwart", Leipzig.

Arno Watteck, „Orthodoxie im Lungau – Vater Gabriel Henning Bultmann", Schrift von Erzbischof Kothgasser zur 20-Jahrfeier von „Pro Oriente" in Salzburg 2005.

„Die Anfänge der Beuroner Kunstschule" – Peter Lenz und Jakob Wüger 1850–1875, Thorbeck Verlag, Sigmaringen 1983.

Abbildungen:
Fast alle Fotos stammen aus den persönlichen Beständen von M. Basilia Gürth, dazu kommen einige Aufnahmen von Josefine Glanz, Dr. Brigitte Schuster-Böhm, Mag. Ulrike Seifert, Elisabeth und Fiona Newzella, Herbert Weishaupt.
Die Postkarten Don Bosco, Kardinal Dr. Franz König und Damian de Veuster mit freundlicher Genehmigung von Hw. Dr. Salesny SDB, 1130 Wien, St. Veitgasse 25.

Konsekrationskelch, St. Gabriel, Entwurf von M. Basilia

Mit dem hw. Abt von Stift Geras, Pernegg 1997

Beuron 1995, M. Basilia in der Mitte

Mit hw. Abt Berthold von Seitenstetten, 2007

Selbstgefertigte Kasperlfiguren, mit denen früher für Kinder religiöse Stücke gespielt wurden

Dorfkapelle Katzendorf, Kreuzweg

Sonnenblumen in verschiedenen Techniken

Außenseite des Flügelaltars von Schwaan, 1953

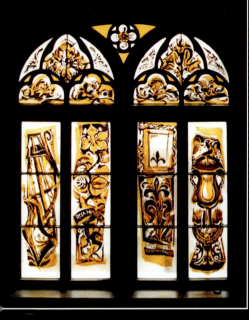

Grisaillefenster Thesaurar, St. Gabriel (Lauretanische Litanei)

Fenster der „Menschwerdung", St. Gabriel

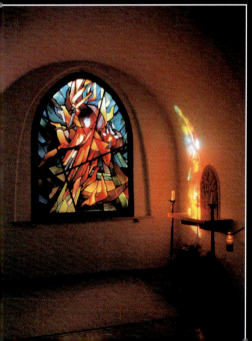

Fenster „Ordo est Amoris",

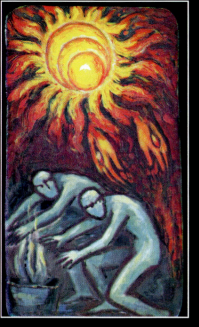
Psalmenbild „Gottesverachtung"

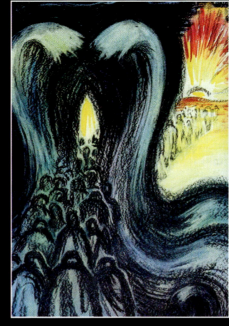
Psalmenbild „Durchzug durch das Rote Meer"

Psalmenbild „Wallfahrt"

Psalmenbild „Wundmale des auferstandenen Siegers"

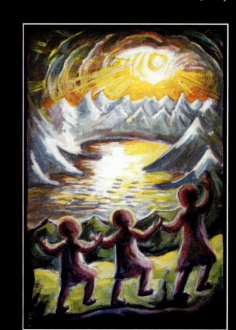
Psalmenbild „Kommt zur Anbetung"

Äbtissin Marcellina Pustet, Saeben, Südtirol

Äbtissin Ancilla, Saeben, Südtirol

Abt Athanasius Recheis, Seckau

Abt Robert Beigl, Stift Rein, 1999

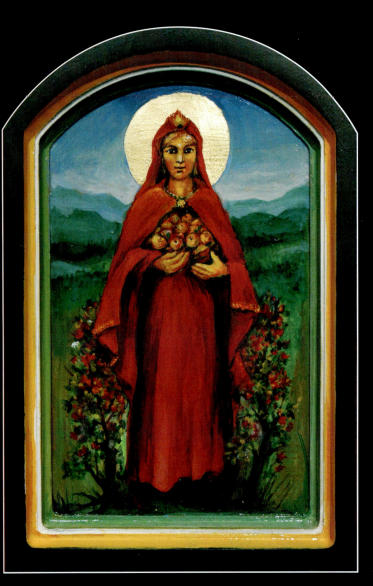 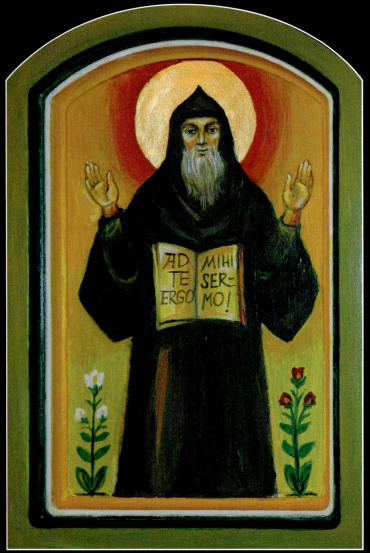

Heilige Elisabeth   *Heiliger Benedikt*

Arbeiten im Benediktinerinnenstift Saeben (Gartenhaus), Südtirol

Rotes Kreuz, Feldbach

Fensterentwürfe für Autal

Fenster in Horitschon

Damian de Veuster SSCC, Patron der Leprakranken

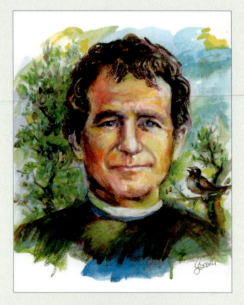

Don Johannes Bosco

Porträt eines halbblinden Paters

*Porträt (in Arbeit) von
S. Exz. Bischof Maximilian Aichern, 2007*

*M. Basilia mit dem noch unvollendeten Porträt von
S. Exz. Bischof Maximilian Aichern, 2007*

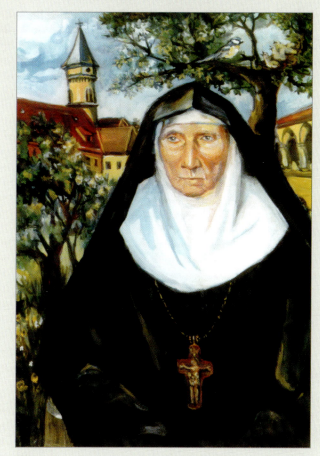

Äbtissin Cäcilia Fischer, St. Gabriel

„Der Seiltänzer" (eine von mehreren Versionen)

„Der Seiltänzer" (eine von mehreren Versionen)

In der Teeküche von Marienkron

*„Zum Dank an alle Krokodile, die dich und mich verschont haben",
aus dem Freskenzyklus in Marienkron*

Fresko im Stiegenhaus von Marienkron

Paravent in Gebetsnische, Marienkron

„Der Mutsprung" aus dem Freskenzyklus in Marienkron

„Nicht hören, nicht sehen, nicht reden" aus dem Freskenzyklus in Marienkron

Fresko in Marienkron – Zisterzienserin und Benediktinerin zeigen die Regeln des hl. Benedikt und die Wappen von Marienkron und St. Gabriel

„Der Morgen" aus dem Freskenzyklus in Marienkron

Kreuzwegstationen in der Pfarrkirche Fehring

„Simon von Cyrene hilft Jesus das Kreuz tragen", 5. Station

„Veronika reicht Jesus das Schweißtuch", 6. Station

„Jesus fällt zum zweiten Mal unter dem Kreuz", 7. Station

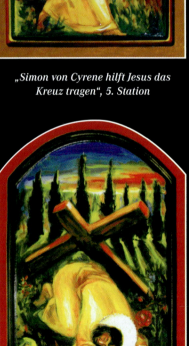

„Jesus fällt zum dritten Mal unter dem Kreuz", 9. Station

„Jesus wird seiner Kleider beraubt", 10. Station

„Jesus wird ans Kreuz genagelt", 11. Station

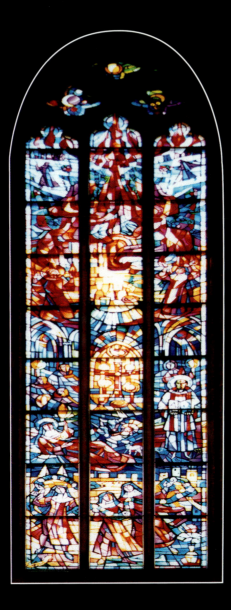

Fenster in der Grazer Franziskanerkirche:
„Schöpferhand" (links) und „Auferstanden" (rechts),
in der Mitte „Freude der heiligen Klara nach der Heilung durch Franz von Assisi"

Tafelbilder, Festsaal im Marienspital Vorau

Eines der Fenster in der Krankenhauskapelle in Vorau:
„Er lebt!"

S. Eminenz Kardinal DDr. Franz König, Wien 1995   *S. Exzellenz Bischof Johann Weber, 1972*

Mit Opernsängerin Anneliese Rothenberger, Salzburg 1971

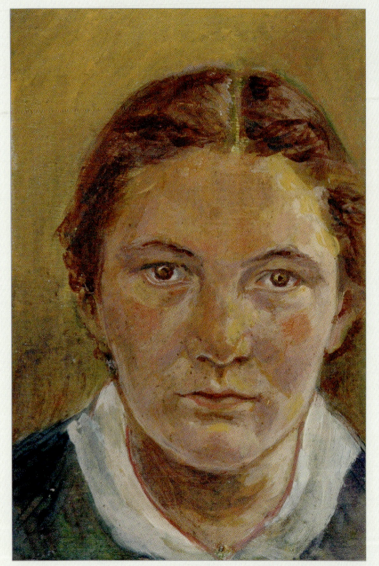
Selbstporträt 1942

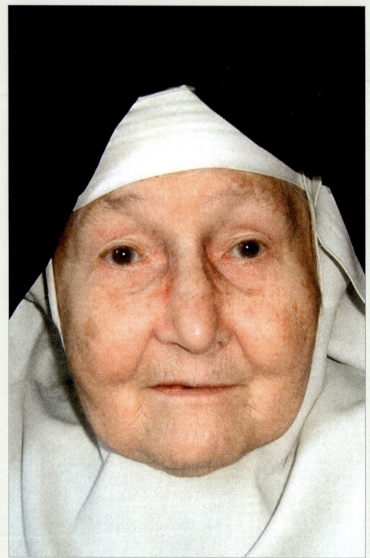
2007